＼いちばん／
役に立つ

ファイナンス

プロが教える
企業価値最大化のコツ

一生使える知識が
サクッと身に付く

石野雄一

ソシム

はじめに

企業価値を最大化させるための道具 それがファイナンス

　本書『いちばん役に立つファイナンス』を手に取っていただき、ありがとうございます。

　私は本書を、今までファイナンスとは無縁だった方々に向けて書きました。ファイナンスという言葉を聞くと、多くの人が難しそうだと感じるかもしれません。かつての私も同じでした。

　10年あまりの銀行員時代はもちろんのこと、アメリカのビジネススクールでMBA取得の勉強をしていたときも、帰国して日産自動車の財務部や外資系のコンサルティング会社に勤めていた時代も、実際はファイナンスと格闘してきたのです。

　ファイナンスの学習に苦労した私だからこそ、初めて学ぶ人がつまずきやすいところがよくわかります。そのエッセンスを伝えるために、本書ではときおり、架空の生徒さんキャラクターに登場してもらいます。皆さんがファイナンスを学ぶ上でわかりにくいところや、間違った理解をしやすい点を、先生役である私と対話形式でやり取りをしながら学んでいけるようになっています。この生徒さんキャラは、皆さんが疑問に

思うことを代わりに質問してくれる心強い仲間です。この形式を採用することで、読者の皆さんがより親しみやすく、理解しやすい内容に仕上げています。

ファイナンスとは、簡単にいえば「企業価値の最大化」をはかるための意思決定に役立つ道具です。その意思決定には、投資すべきか、どうやってお金を集めるか、株主にどう分配するかの3つがあります。いずれも、企業の将来を見据えたうえで意思決定していくのですが、そのためにはファイナンスの知識が欠かせません。

本書は、以下のような構成になっています。
Chapter1では決算書の基本をおさらいし、会計とファイナンスとの違いについて解説します。Chapter2では、投資の利回りと調達コストの関係について学びます。Chapter3では、実際の投資判断に役立つ指標やツールについて解説します。そしてChapter4ではフリーキャッシュフローとは何かについて、最後にChapter5では、企業価値の評価方法を詳しく説明しています。

執筆にあたり、できるだけ専門用語を避け、平易な言葉で説明することを心がけました。また、図や表を多く取り入れることで、視覚的にも理解しやすいよう工夫しました。さらに巻末には、ファイナンスを学ぶにあたって重要なキーワードをピックアップした「ファイナンス用語事典」をつけています。どうぞご活用ください。

ファイナンスは、いまや英語と同様に万国共通のコミュニケーションの道具です。たとえば、国際的なビジネスの場では、ファイナンスの知

識があればどの国のビジネスパーソンとも話が通じるようになります。経営者はもちろん、学生やビジネスパーソンにとっても、ファイナンスの基本を理解することは、グローバルな視点を持つためにとても大切です。

　この本を通じて、ファイナンスの面白さや重要性を感じていただければ幸いです。皆さんがこの知識を活用し、未来に向けて一歩踏み出す助けとなることを心から願っています。

　最後に、この場を借りて、この本を書くにあたってお世話になった方々にお礼を申し上げます。原稿の校正作業を最後まで手伝ってくれた親友の林武男くんには、心から感謝しています。また、執筆の過程で私のリクエストを全面的にくみ取っていただいた、編集担当の池上直哉さんにも感謝しております。

　それではどうか、ファイナンスの世界をお楽しみください！

2024年9月

石野雄一

いちばん役に立つ ファイナンス
プロが教える企業価値最大化のコツ

CONTENTS

● はじめに ────────────────────────── 3

Chapter 1 会社の「健康診断」
──決算書の基本

① ファイナンスの基本：**会計と財務は何が違う？**────── 12
② 貸借対照表（BS）：**バランスシートって何？**────── 17
③ サクッとおさらい：**バランスシートの読み方**────── 19
④ 会社の「金庫」はどこにある？：**内部留保の秘密**────── 25
⑤ 利益だけではわからない：**バランスシート経営の重要性**── 27
⑥ 3大戦略コスト：**未来への投資がなぜ大切なのか**──── 29
⑦ 優先順位をつける：**「戦略」が何かを知っているか**──── 30
⑧ 会社の「利益」を知る：**損益計算書（PL）の読み方**──── 32
⑨ お金の流れを理解する：**キャッシュフローって何？**──── 36
⑩ 企業のライフサイクル：**企業の成長ステージとお金の関係**── 41
⑪ 決算書をおさらい：**会社当てクイズ**────────── 45

Chapter 2 投資の利回りとコスト
——賢い選択のために

① 企業価値向上のために：**ようこそファイナンスの世界へ**──54
② 企業とは何か：**ステークホルダーと企業との関係**──58
③ 会社の価値：**企業価値は誰のため？**──60
④ お金の分配：**分配は流しそうめんで理解**──62
⑤ 企業の利益：**本当に儲かっているの？**──64
⑥ 「儲け」を知るための第一歩：**押さえておきたい利回り計算**──66
⑦ 得るために何を投じた？：**会社のアウトプットとインプット**──67
⑧ ROICとWACC：**企業はどれだけ儲ければ合格？**──71
⑨ リスクの意味するもの：**ファイナンスのリスクとは何か**──74
⑩ デットファイナンス：**負債コストの推定方法**──79
⑪ 株主が要求する収益率：**株主資本コストの求め方**──81
⑫ 重みをつけた平均：**WACCの計算方法**──86
⑬ 支払利息が費用になる：**デットの節税効果**──88
⑭ 経営者目線で考える：**デットとエクイティどっちにする？**──90
⑮ WACCを下げるには：**IRのミッションは何か？**──93
⑯ 債権者と株主：**異なる視点からの"よい会社"**──94
⑰ てこの原理を活用：**レバレッジ効果とは**──96
⑱ 資金調達の選択①：**最適な調達方法とは**──99
⑲ 資金調達の選択②：**最適な比率とは**──104

Chapter 3 お金の時間価値 ——将来と現在をつなぐ

1. お金と時間との関係：**将来価値と現在価値**————108
2. スーパーの割引にあらず：**割引率って何？**————112
3. バランスの理解：**リスクとリターン**————114
4. ファイナンスの価値：**投資するか否かの決定**————118
5. 投資の「価値」を測る：**NPVって何？**————123
6. ハイリスク・ハイリターンの原則：
   割引率とNPVの大切な関係————127
7. 投資の「収益率」を知る：**IRRって何？**————129
8. 飛び越えるべき障壁：**ハードルレートとは？**————134
9. 「率」と「額」に注目：**IRRの注意点**————136
10. 人気の投資判断指標：**回収期間法の問題点**————138
11. 指標の使い方：**具体例で見る指標活用術**————141
12. NPV法を中心に：**投資判断指標のまとめ**————145

Chapter 4 フリーキャッシュフロー
──自由に使える「お金」

1. フリーキャッシュフローの新事実：
   ○○から自由なお金だった！ ──148
2. 株主にも経営者にもメリットあり：
   減価償却費の理由と意味 ──152
3. キャッシュのズレを調整：**運転資本の計算と影響** ──154
4. 投資の撤退判断のキモ：**サンクコストと機会コスト** ──160
5. With-Without原則：**増し分計算の重要性** ──164

Chapter 5 企業価値を高める
──成功への鍵

1. 企業価値の本質：**企業の価値をどう計算するか** ──170
2. 企業のどこに価値があるのか：**株主価値の算定プロセス** ──176
3. 株価をベースに評価する：
   マーケット・アプローチの企業価値評価 ──180
4. 2つのアプローチ：**事業価値を高める方法とは** ──183
5. キャッシュ・コンバージョン・サイクル：**その重要性と定義** ──192
6. BSのスリム化でFCF増加に寄与：
   アセットリストラクチャリング（資産整理） ──197

- 巻末付録① ファイナンス用語事典 ──200
- 巻末付録② keyword早見表 ──206

本書の登場人物

井上美波
メーカー勤務。学生時代に簿記の勉強はしたが、実務経験は浅い。財務部に配属となり急遽ファイナンスの必要性を感じ、石野先生のファイナンス講義を受講することになった。

石野先生
本書の著者。株式会社オントラックを設立し、企業の投資判断基準の策定支援、ファイナンス研修、財務モデリング研修を実施している。

 はじめまして。井上美波と申します。大学を卒業してメーカーに勤務しています。今度、財務部に配属することになりました。

 はじめまして。井上さんは大学では経営学を専攻されてましたよね。実際に企業に勤めてみて、その知識を活かせていますか?

 経営学を専攻していたといっても、決算書が何を意味するかもうろ覚えだし、実務でその知識をどう生かしたらいいのかよくわかりません。こんな私でも大丈夫でしょうか?

 実は私も似たようなものでしたよ。なにせ、銀行員時代に簿記3級の試験に落ちたくらいですから(実話)。

 そ、そうなんですか?

 本書は会計の知識があまりない人でも読めるようにできているので安心してください。では、さっそく始めましょう!

Chapter 1

会社の「健康診断」
―― 決算書の基本

Chapter1 ≫ 会社の「健康診断」──── 決算書の基本

1 ファイナンスの基本
会計と財務は何が違う？

keyword 利益、キャッシュ、黒字倒産、キャッシュフロー

先生、会計と財務、どちらも耳にしたことがありますが、違いはあるんでしょうか？

会計（アカウンティング）と財務（ファイナンス）は似ているようで、さまざまな面で違いがあります。この違いを理解することは、ビジネスを理解する上でとても大切です。

どちらも企業のお金に関することだと思っていました。

その通りです。でも、会計は企業の「過去のお金」を扱い、財務（ファイナンス）は「未来のお金」を扱うものなんです。

なるほど、過去と未来ですか……。でも、それだけでそんなに違うんですか？

そうです。この違いを理解すれば、企業がどのようにお金を活用し、それをどう成長に結びつけていくのかがわかってもらえると思います。Chapter1 ではまず、会計とファイナンスの違いについて、それから決算書の基礎をおさらいしていきましょう。

はい。よろしくお願いします！

❶ 利益とキャッシュの違い

会計（アカウンティング）と財務（ファイナンス）は異なります。会計は「利益」を扱い、財務は「キャッシュ（現金）」を扱います。

「利益」とは、売上から費用を差し引いたものです。でも、利益では物を買うことはできません。利益は頭の中にある、抽象的な概念だからです。

よく「Profit is opinion（利益は意見）」と言われます。つまり、利益は経営者の意見によって変わる余地があるのです。

一方、「Cash is fact（現金は事実）」と言われます。バーチャルな利益と異なり、現金は実体があります。従って、経営者の意見によって変えることができません。

このように、利益とキャッシュは異なる概念です。端的な例でいえば、企業が利益を上げていても、キャッシュが不足すると倒産することだってあります。これを黒字倒産と言いますが、会計上は利益が出ているのに、取引先から代金を回収できず、資金繰りに困って倒産してしまう状況を指します。

❷ 利益が必要な理由

では、なぜ利益という抽象的な概念が必要になるのでしょうか。

中世の地中海交易の時代には、利益という概念は必要ありませんでした。イタリアのヴェネツィアの船乗りたちは、航海を「プロジェクト」のように行っていました[1]。プロジェクトが始まると人が集まり、お金を集めて、商品を買い付けし、それを売って現金にし、お金を出してくれ

---

1 『会計の世界史：イタリア、イギリス、アメリカ——500年の物語』（田中靖浩著／日経BPM）

た人に分配して、解散する。このように「一航海・一会計」の時代では、利益という概念は必要なかったのです。

　しかし、現代の企業は継続して運営します。むしろ、終わりがあっては困ります。そんなときに必要になるのが、利益という概念なのです。利益を計算する目的には、次の3つがあります。

- 税金計算のため：利益をベースに「税金」を計算します。
- 配当計算のため：利益をベースに「配当」を計算し、株主に分配します。
- 業績評価のため：利益をベースに「企業の業績」を評価します。

　税金や配当計算は、主に経理部門の方々が担当します。読者の皆さんの多くは、業績評価に関係しているのではないでしょうか。

❸ アカウンティング（会計）の由来

　私はかつて、銀行員として約10年間、企業への融資を担当していたことがあります。企業から決算書を受け取り、財務分析を行い、融資の可否を判断する仕事です。ところが、当時の私は重要なことを理解していませんでした。それは、「決算書は社長の意思決定に使えない」ということです。

　こう言うと驚かれる方がいますが、決算書は儲けを生むための道具ではありません。では、何のための道具かといえば、「企業の業績を説明するための道具」なのです。

　英語の表現で「account for」には、「説明する」という意味があります。これが、会計（アカウンティング）の語源です。会計とは、企業の業績を関係者に説明するためのもので、決算書はそのための道具なのです。

　このように、「利益」という概念は必要ですが、企業存続のためには、利益よりも「キャッシュ（現金）」が重要であることを、覚えておいてく

ださい。

❹ たくさんある会計のルール

　会計が扱う「利益」は、経営者の意見によって調整可能です。これが「利益は意見」と言われる理由です。実は、「利益」は会計基準によっても変わります。
　会計基準とは、決算書の作り方に関するルールです。日本基準、米国基準、国際会計基準といろいろあります。ソニーグループは2022年3月期に米国基準から国際会計基準に変更しました。その期のソニーグループの売上高と営業利益は、米国基準を用いた場合と国際会計基準を用いた場合とでは異なったのです。同じ事業活動を行っているのに、売上高と営業利益の金額が異なるのは、会計基準によって、売上高と営業利益の定義が異なるからです。

　一方、ファイナンスが扱う「キャッシュ（現金）」は、どの会計基準でもその残高は変わりません。キャッシュは概念ではなく実在しているものです。「キャッシュは事実」または「キャッシュは嘘をつかない」と言われる理由です。

❺ 会計とファイナンスの時間軸の違い

　会計とファイナンスでは、対象となる「時間軸」も異なります。
　会計が扱うのは「過去」の業績です。貸借対照表や損益計算書、キャッシュフロー計算書の数字は、すべて過去のものです。
　一方で、ファイナンスは「未来」の数字、つまり、企業が将来生み出すキャッシュフローを扱います。キャッシュフローとは、企業活動によって生じる現金収支（＝現金収入－現金支出）のことです。

　経営者がファイナンスを重視するのは、ファイナンスが「未来」に焦

点を当てているからです。経営者は「現在」と「未来」のバランスを考える必要があります。つまり、「現在の投資」と「未来のリターン」のバランスを取ることが求められます。

投資なくして未来のリターンはありませんが、投資しすぎてもいけません。一方、目先の利益やキャッシュを増やそうとして、必要な投資を控えることも問題なのです。

会計とファイナンスの違いを整理するうえで、皆さんに覚えておいて欲しいことは2つだけです。1つは、会計は「利益」を扱い、ファイナンスは「キャッシュ」を扱うという点、そしてもう1つは、会計の時間軸は「過去」で、ファイナンスは「未来」だという点です。

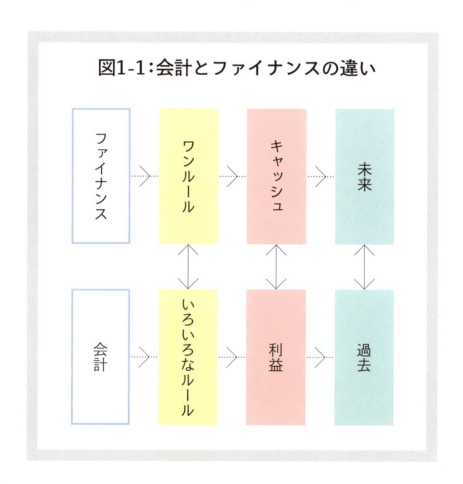

図1-1:会計とファイナンスの違い

Chapter1 » 会社の「健康診断」──決算書の基本

2 貸借対照表(BS) バランスシートって何?

keyword 貸借対照表(BS)、資産、負債、純資産

① BSはバランス＝残高を表す

　ではここから、決算書の基礎知識を簡単に整理していきましょう。まずは**貸借対照表(たいしゃくたいしょうひょう)**です。

　貸借対照表はバランスシート(Balance Sheet)、略してBSとも言われます。次ページの図1-2をご覧になればわかるように、図の左側を「**資産**」、右側の上段を「**負債**」、下段を「**純資産**」と呼びます。ちなみに、左右がバランスしているから、バランスシートというのではありません。バランスとは、残高(Balance)のことを指します。ですから、**バランスシートとは残高表のこと**なのです。

　バランスシートは、企業のお金の「**調達**」と「**運用**」を表しています。つまり、その企業がどうやってお金を集めているのか、負債という形か、純資産(株主からの出資による調達)という形か、そして、その調達した資金をどのように運用しているのか、ということを示しています。

　負債なり純資産なりで調達したキャッシュを、資産サイドでぐるぐる運用してリターンを生み出す。まずは、このイメージをつかんでください。

② お金を増やすシンプルな方法とは

　パナソニックの創業者松下幸之助さんは、こうおっしゃったそうです。「**資産はカネが化けたもの**」。全ての資産は、お金が形を変えてぐる

ぐる回っているということです。

　最近、大手上場企業の中に本社を売却するところが出てきました。これは、本社だけでぐるぐるとお金を回していてもしょうがないと考えたからでしょう。

　お金を増やすコツはシンプルです。ようは、自分のお金を、増えるであろう場所でぐるぐる回すことです。どのような資産でお金をぐるぐる回しているのか（運用しているか）を見れば、その経営者の考えや会社の方向性が読み解けるのです。

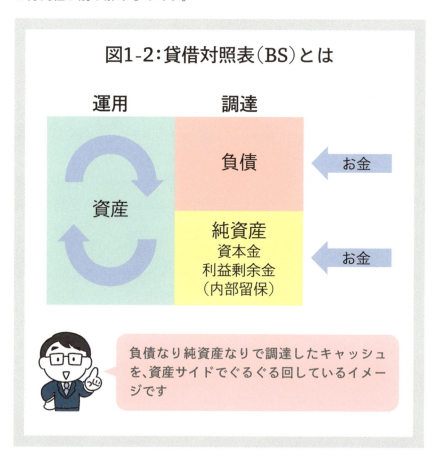

Chapter1 ≫ 会社の「健康診断」──── 決算書の基本

3 サクッとおさらい バランスシートの読み方

keyword 流動資産、固定資産、流動負債、固定負債、純資産

❶ バランスシートはここに注目

それでは、バランスシート（BS）をさらに詳しく説明しましょう。

バランスシートは大きく運用サイドと調達サイドの2つに分かれていました。これらをさらに細かくすると、運用サイドは**流動資産**と**固定資産**、調達サイドは**流動負債**と**固定負債**、**純資産**に分かれます。では、まず運用サイドの流動資産について見ていきましょう。

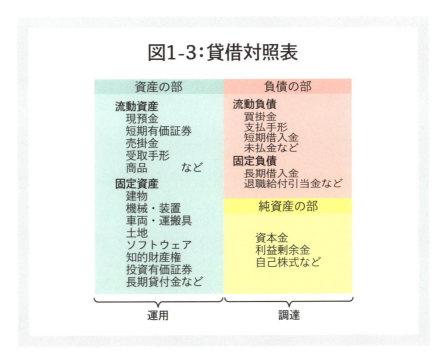

図1-3：貸借対照表

❷ 売掛金と買掛金とは

簡単に言うと、流動資産は「1年以内に現金化できる資産」のことです。具体的には「現金・預金」が挙げられます。手元の現金や銀行預金です。そのほか、短期で運用している有価証券や売掛金、受取手形があります。

会社が商品を販売する際、お客様とその場で現金取引をするのでなければ、たとえば「月末締めの翌月末回収」といった条件付きの取引をします。こうした取引の形態を「掛け」といいます。その場合には、取引先が支払ってくれるまでは、会計上、流動資産に売掛金として計上されます（買掛金は売掛金とは反対に、「掛け」で仕入れた際の金額で、バランスシートの「流動負債」に計上されます）。

ここで、売掛金についてのイメージをつかんでいただくために、ひとつ問題を出しましょう。

図1-4をもとに、次ページの問を考えてみてください。

図1-4：売掛金残高と買掛金残高

単位：万円

売上高	4月	5月	6月	7月	8月	9月	10月
	250	220	250	250	200	275	230
	11月	12月	1月	2月	3月	計	
	225	275	250	275	300	3,000	

3月末で取引先から回収できていないもの（売掛金）

単位：万円

仕入高	4月	5月	6月	7月	8月	9月	10月
	125	110	125	125	100	138	115
	11月	12月	1月	2月	3月	計	
	111	138	125	138	150	1,500	

3月末で仕入先に支払っていないもの（買掛金）

問 今年度の売上高3000万円のうち、年度末（3月末）にまだ回収できていない売上代金はいくらありますか？

「売上代金」（図1-4上段の表）は月末で締めて、3か月後の月末に回収する取引条件とします。そうなると12月の売上275万円は3月末に回収しますから、年度末（3月末）に回収できていないものは、1月、2月、3月の3か月分（黄色い部分）で合計825万円ということになります。実はこれこそが、売掛金という形でバランスシートの左側に計上されるものなのです。

では次に、買掛金についての問題です。これはバランスシートの右側に計上されますが、売掛金と一緒にイメージしていただくと理解しやすいでしょう。図1-4をもとに、以下の問いにお答えください。

問 今年度の仕入高1500万円のうち、年度末にまだ支払っていない仕入代金はいくらありますか？

仕入代金（図1-4下段の表）は月末で締めて、2か月後の月末に支払う取引条件とします。買掛金も考え方は売掛金と同じです。

答えが出ましたか？　そうです。2月と3月の2か月分（黄色い部分）で合計288万円ということになります。

3 支払いを約束する証券「約束手形」

受取手形は、商品を販売した際にその代金をキャッシュではなく、約束手形で受け取ったものです。これは流動資産に計上されます（→P19 図1-3）。これと反対に、商品をつくる材料などを仕入れる際に、その代金をキャッシュではなく約束手形で支払ったものが支払手形で、こちらはバランスシートの流動負債に計上されます。

約束手形は、手形の作成者である振出人が受取人に対し、将来の特定

の期日に、手形に記載された金額を支払うことを約束した証券のことです。これがお金の代わりになり、これを使って支払ったり受け取ったりすることができます。つまり、「いつまでに、いくら、誰に支払います」という約束がされているものです。それが約束通りに払ってもらえない事態になると、「不渡り手形」をつかまされた、ということになるわけです。

ただ、現在はこうした手形取引は減少していて、経済産業省は2026年に紙の手形を廃止することを発表しています。今後はいっそうのデジタル化が進むことでしょう。

❹ 棚卸資産とは

次に、棚卸資産（在庫）についてお話しします。「棚卸し」とは、在庫のチェックや管理を指す際によく使われます。この表現は、実際に棚から商品を「おろして」数えたり確認したりする作業からきています。

小売業などの場合、仕入れた商品が販売されるまでの間、また製造業などの場合には、原材料を仕入れてから、つくった製品が販売されるまでの間、棚卸資産として、流動資産に計上されます（図I-3）。

❺ 固定資産とは

固定資産は、「現金化するのに1年を超える資産」を指します。こちらは大きく分けて有形固定資産、無形固定資産、投資その他資産の3つがあります。

まず有形固定資産ですが、「形が有る（有形）」と書く通り、目に見える資産です。これには土地や建物、機械設備などがあります。一方、無形固定資産は、特許権やのれんいった、形のない資産が該当します。長期で保有している有価証券は、投資その他資産に分類されます。

❻ のれんは無形の価値を反映

　企業買収が増加している現在、「のれん」はとても大切なので、整理しておきましょう。「のれん（暖簾）」という言葉の由来は、商店や飲食店の入口に掛けられている布です。店の名前や商標が書かれていることが多い暖簾ですが、これは店のシンボルとしての役割を果たし、顧客にその店の存在やブランドを示します。

　会計用語としての「のれん」は、企業の買収時に支払われる金額のうち、**買収対象企業の純資産額を超える部分**を指します。これは、買収対象企業のブランド価値、顧客基盤、従業員の技術力などの無形の価値を反映しています。企業買収時に支払われる「のれん」には、買収する企業がその企業の評判や信用を引き継ぐという意味があるのです。

❼ 流動負債と固定負債とは

　次に「調達」サイドについて説明しましょう。バランスシートの右側に「流動負債」と「固定負債」と「純資産」があります。**流動負債とは、1年以内に返済する必要がある負債のこと**をいいます。これにはまず、先ほどお話しした買掛金や支払手形があります。また短期借入金は、金融機関からの借入金のうち、1年以内に返済しなければいけないものです。これらが、流動負債に区分されます。

　一方、**固定負債はすぐに返す必要がない負債**で、まず長期借入金が挙げられます。これは金融機関からの借入金のうち、返済期日が1年を超えるものを指します。そのほかに社債がありますが、こちらは会社が資金を調達するために発行する債券で、長期借入金と同様に固定負債に分類されます。

8 資本金と利益剰余金とは

　純資産は、資本金と利益剰余金に分かれます。それぞれ「創業時に払い込みをしたお金」と「いままでに稼いできた利益を積み上げたもの」です。この「純資産」と「資本金」との関係は、いささか混同しやすいので注意が必要です。かくいう私は銀行員だったころ、増資（資本金を増やすこと）しなければ純資産は変わらないと勘違いしていました。けれども変わらないのは「資本金」であって、「純資産」のほうは、利益が出ていれば、そのぶん利益剰余金は毎年積み上がるため、増えることになるのです。

　資本金や利益剰余金は、資金を提供してくれた株主に返済する必要はありません。ただし、ここで強調しておきたいのは、だからといって、企業にとってコストがかからないわけではないということです。
　株主は、ボランティアで企業に資金提供しているわけではありません。「見返り」を期待しているからこそ投資しているのです。この「見返り」を、企業は配当（インカムゲイン）や株価上昇による売却益（キャピタルゲイン）という形で株主に還元しなければなりません。そのため、「見返り」は企業にとっては「株主資本コスト」になります（これについては、P81〜でお話しします）。

Chapter1 ≫ 会社の「健康診断」──── 決算書の基本

4 会社の「金庫」はどこにある？
内部留保の秘密

keyword 当期純利益、利益余剰金（内部留保）

❶ 内部留保という名の埋蔵金はどこにある？

　企業内に残る「利益」は、毎期の**当期純利益**（→P33 図 I-5）から株主への配当を払った残りの部分で、これがどんどん積み重なっていったものが**利益剰余金**です。利益剰余金は、一般的には「**内部留保**」という名称で知られています。一時期、内部留保という名の"埋蔵金"があるとしきりに指摘していた人たちがいましたが、残念ながら「内部留保」という埋蔵金はありません。「資本金」や「内部留保」というお金はないのです。

　では、バランスシートの左上の「現金・預金」にお金があるのかといえば、ここにもありません。バランスシートは決算日の一時点を切り取ったスナップショットです。多くの経営者も勘違いしていますが、資本金とか内部留保という埋蔵金はないのです。

❷ バランスシートは単なるスナップショット？

　ところで、私が銀行に在籍していたときに、資金繰りに困ったある会社の社長さんからこんなことを言われました。

　「ウチの会社って、本当にお金がないんだよ。最初に会社を設立したときに入れた資本金1000万円は使えないの？」

　答えは「使えません」。

　社長さんが出資した1000万円は、そのまま資本金として会社の銀行口

座に残っているというわけではありません。先に「バランスシートはお金の運用と調達を表す」といいました。右側の調達サイドはあくまでも、どのように資金を調達したかを表すものであり、資本金が「使えるお金」としてそこに残っているわけではありません。社長さんが==資本金という形で出資した1000万円は、運用サイドで売掛金や棚卸資産、あるいは土地や建物に形を変えて「ぐるぐる回っている」、つまりは運用されている==ということなのです。

　この社長さんは資本金がずっと銀行口座に残っていると勘違いしていたため「出資した1000万円を使いたい」という発想になったのですね。では、社長さんが使えるお金はどこにあるのでしょうか。

　それが、バランスシートの流動資産のところにある「現金・預金」です。とはいえ、その「現金・預金」の残高ですら、決算日当日の残高であって、現時点の残高がいくらになっているかを表すものではありません。ですから、資本金が多かろうが少なかろうが、企業の資金繰りには関係ありません。

　資金調達を、借入や社債などの有利子負債で行うのか、それとも株主資本で行うのかは、企業価値に影響を及ぼす大切なことではあります。ただ、資本金が多いからといって、資金繰りがラクということにはなりません。資金繰りの観点からすれば、運用サイドの流動資産にある「現金・預金」こそが大事なのです。

　ところが、このバランスシートというのは、何度もくり返しますが、決算期の期末時点の状況を表しているにすぎません。翌日になると、この数字が変わっている可能性もあるわけです。

　先ほど会計とファイナンスにおける時間軸の違いについてお話しましたが、会計はあくまでも過去のことを表しているのであって、現時点の状態を表すものではないというのは、このことを指しています。事業活動は日々行われているわけですから、==バランスシートの数字は刻一刻と変わっているのが現実==なのです。

Chapter1 》会社の「健康診断」——— 決算書の基本

5 利益だけではわからない バランスシート経営の重要性

keyword 経営資源、営業利益、6大経営資源

私はよく、「みなさんにはPL頭からBS頭になってほしい」と言っています。

PL頭とBS頭？ 何のことですか？

PL頭のPLは損益計算書（Profit and Loss Statement）のことで、会社の利益を知るためのものです。つまり、PL頭とは売上を上げてコストを削減し、利益を増やそうとする思考のことです。

「売上を上げろ、コストを削減して利益を出せ」と言ってばかりいる経営者はPL頭ということですね。

その通りです。一方、BS頭のBSはこれまで見てきた貸借対照表（Balance Sheet）のことで、企業のお金の「調達」と「運用」を示しているものです。BS頭とは、単に利益だけに注目するのではなく、その利益を獲得するために「どれだけの資源をどう使っているか」に注目する思考のことです。

つまり、利益（アウトプット）だけでなく、そのために使った経営資源（インプット）も大事だということですね。

❶ PL頭では本当の利益は見えない

たとえば、あなたが今期の営業利益を前期の2倍にしたとしましょう。PL頭のPL社長であれば「営業利益2倍とはすごい！」と、あなたのことを手放しで褒めてくれるでしょう。ところが、BS頭のBS社長は手放しで褒めてくれません。なぜ営業利益を2倍にしたあなたを褒めてくれないのでしょうか。その理由は、==営業利益というアウトプットのみに目を奪われてインプットの議論が欠けている==からです。

では、経営の世界のインプットは何を指すかというと、「==経営資源=="です。経営資源にはさまざまなものがあって、「ヒト」「モノ」「カネ」「時間」「情報」「知的財産」を「==6大経営資源=="といいます。これらの経営資源を、皆さんが前期よりも今期5倍投入して、アウトプットが2倍だったら、BS頭のBS社長はこう言うでしょう。

「アウトプット（営業利益）が2倍は確かに素晴らしい。ただ、もうちょっとインプット（経営資源）の使い方を考えてほしい」

❷ 分数で物事を考える時代に

私が言っているBS頭というのは、簡単に言うと、==$\frac{アウトプット}{インプット}$という分数で物事を考える==ということです。

ところが、多くの人は相変わらず売上や利益などのアウトプットにばかりに目を奪われています。売上や利益というアウトプットを獲得するためにどんな経営資源をインプットするか（使うか）という議論は後回しなのが実態です。

Chapter1 》会社の「健康診断」——決算書の基本

6 3大戦略コスト
未来への投資がなぜ大切なのか

keyword　3大戦略コスト、未来投資

❶ 将来を考えていない社長は何をケチるのか

　売上が思うように増えないPL社長は、すぐコスト削減といいます。もちろん、無駄なコストは削減すべきです。ただ、むやみに減らしてはいけないコストがあります。これを私は「3大戦略コスト」といっています。

　3大戦略コストの1番目は「研究開発費」や「事業開発費」、2番目は「広告宣伝費」や「販売促進費」などのマーケティングコスト、そして3番目は「教育、採用関連費用」です。これらのコストに共通することは、インプットからアウトプットまでに時間がかかるということ。言い換えれば、これらはみな「未来投資」なのです。

❷ 未来投資をケチる会社に未来はない？

　3大戦略コストをケチる経営者には、2つのタイプがあります。1つは、自分の任期しか考えない社長です。未来投資を削減すれば、たしかに足元の利益、キャッシュは増えます。悪影響が出るのは、自分が辞めたあと。つまり自分の任期中の業績しか考えていないのです。

　もう1つのタイプは、本当に尻に火が付いている社長です。「未来のことなど悠長に言っていられない、今足元の利益、キャッシュが必要なんだ」と考えている社長です。社長がこのような状態だとしたら、会社がどんな状態なのか、もうおわかりですね？　あなたの会社の社長さんはこれら未来投資を削減し始めていないか、よく見る必要があります。

Chapter1 ≫ 会社の「健康診断」────決算書の基本

7 優先順位をつける
「戦略」が何かを知っているか

keyword 戦略、優先順位付け

❶ 戦略とは優先順位をつけること

　ある企業の社長が、「全社一律でコストを10%削減する」と指示したとします。この指示は、人件費や水道光熱費などのコストから、研究開発費のような未来への投資まで、すべて一律に削減することを意味します。しかし、このような一律削減は、戦略がないことの表れです。

　では、「戦略」とは何でしょうか。
　戦略に関する本はたくさんあって、著者によって異なる見解を持っています。私が恩師から教わったシンプルな定義は、「==戦略とはソートである==」ということです。
　ソートとは、データの「並べ替え」のことです。言い換えれば、優先順位をつけることを意味します。つまり、==戦略とは「優先順位をつけること」==なのです。そう考えると、「全社一律コスト削減」には優先順位がありません。その社長には戦略が欠けていると言えるでしょう。

　私がかつて通ったビジネススクールの戦略の教授が、こう言っていました。
　「多くのビジネスパーソンは意思決定のアプローチを誤っている」。
　たとえば、あなたが5つの課題に取り組む必要があるとします。そして、優先順位をつけるように指示されると、あなたは1番から5番まで順位をつけて、1番から順に取り組むでしょう。しかし、教授はこれを間

違いだと言います。では、私たちはどうすべきなのでしょうか？

正しいアプローチは、「1番から5番までナンバリングした後、3番以下は忘れること」です。つまり、最も重要な1番と2番に全ての経営資源を集中させるべきなのです。

この話を聞いたとき、私は「言うは易しですよ」と思いました。なぜなら、3番以下の課題を放置することは簡単ではないからです。上司に叱られるかもしれないし、不安になります。だからこそ、ここで必要なのは勇気と覚悟です。

❷ やらないことを決めるのは難しい

トヨタ自動車の元社長の豊田章男さんは、「決断」という言葉について、「断つことを決める」と言っています[2]。言い換えれば、戦略とは「やらないことを決めること」なのです。むしろ、やらないことを決めることで、やるべきことが明確になります。

なぜ、自社に戦略がないのか。それは、やらないことを決めることは勇気と覚悟が必要だからです。さらに「社長の仕事は、決断である」ということを、理解している人も少数なのかもしれません。

---

2 THE CONNECTED DAY（2018年6月26日）

Chapter1 » 会社の「健康診断」──── 決算書の基本

8 会社の「利益」を知る
損益計算書(PL)の読み方

keyword　損益計算書(PL)、売上総利益、営業利益、当期純利益

① 損益計算書で会社の「利益」を把握する

では引き続き、決算書の基礎をおさらいしていきましょう。次は損益計算書(PL：Profit and Loss Statement)です。

損益計算書は、会社の「利益」を把握するために重要な書類です。利益の概念が必要な理由は主に3つあります。「税金の計算」、「配当の計算」、そして「業績の評価」です。

企業の外部の人が会社の業績を評価する際に、損益計算書で注目すべきポイントは「売上総利益」、「営業利益」、「当期純利益」の3つです。それぞれについて詳しく見ていきましょう。

② 売上総利益は付加価値の指標

図1-5を見てください。①売上から②売上原価を差し引いたものが③売上総利益です。売上総利益は「粗利」とも呼ばれ、これは「付加価値力」を表します。売上原価とは、メーカーなら製造コスト、小売業なら商品の仕入額のことです。ここではメーカーの製造コストについて説明します。

製造コストは「原材料費」「労務費」「その他経費」の3つの要素で構成されます。その他経費には工場の機械設備などの「減価償却費」（後ほど説明します）が含まれます。

図1-5：損益計算書の内訳（日本の会計基準）

	①	売上高	製品・商品・サービスの販売額
	②	売上原価	製品の製造コストや商品の仕入額
③ = ① − ②		売上総利益（粗利益）	付加価値をどれくらいつけたのか表わす利益
	④	販売費及び一般管理費	販売活動や管理活動にかかった費用
⑤ = ③ − ④		営業利益	本業の儲ける力を表す利益
	⑥	営業外収益（受取利息・受取配当金・持分法による投資損益など）	営業活動以外の経常的に発生する収益
	⑦	営業外費用（支払利息など）	営業活動以外の経常的に発生する費用
⑧ = ⑤ + ⑥ − ⑦		経常利益	通常の営業活動や財務活動から生み出される利益
	⑨	特別利益	特別な要因によって発生した利益
	⑩	特別損失	特別な要因によって発生した損失
⑪ = ⑧ + ⑨ − ⑩		税引前当期純利益	企業のすべての活動からうみ出された利益
	⑫	法人税等	当期の所得に対して、税法に基づき計算された税金
⑬ = ⑪ − ⑫		当期純利益	税金の差し引き後に最終的に残った利益

❸ 営業利益は本業の収益力

次に④営業利益についてです。営業利益は「本業の儲ける力」を示し、最も重要な利益指標の1つです。かつては「経常利益」が重視されていましたが、現在ではその重要性は低下しています。経常利益は日本の会計基準特有の概念であり、米国会計基準や国際会計基準には存在しないからです。

日本企業は銀行からの資金調達が主流で、銀行は営業利益よりも借入金の利息を差し引いた後の経常利益を重視していました。一方、米国や英国では、株主からの資金調達が主流です。株主は配当を支払う元となる当期純利益に関心があり、経常利益という概念は必要なかったのでしょう。

⑥営業外収益には、受取利息や受取配当金、持分法による投資損益（関連会社の持分相当の損益）が含まれます。そこから借入金の利息などの⑦営業外費用を差し引いたものが⑧経常利益です。

❹ 当期純利益と特別利益・損失

そして、⑬当期純利益は、企業の税引前当期純利益から法人税などの税金を差し引いた後の最終的な利益を指します。これは、企業の経営活動の最終的な成果を表すものと言えます。

当期純利益を見る際には、その増減だけで判断しないことが大切です。⑨特別利益や⑩特別損失に何が計上されているかを確認する必要があります。ここには経営者の「意見」が反映されることがあるためです。実際、当期純利益はルール（会計基準）の範囲内で調整可能です。

たとえば、ある上場企業での話です。その企業では計画よりも当期純利益が多くなりそうでした。経営者は翌期の期待値を抑えるために、調

整を行いました。全国の工場に「使っていない機械設備を今期中に廃棄するように」と指示し、特別損失として「機械設備の除却損失」を計上しました。これにより、当期純利益を計画通りに調整したのです。

このように、損益計算書は必ずしも企業の実態を示すものではないこと、経営者の意見が反映されたものであることを理解していただければと思います。

損益計算書について急ぎ足で説明してきたけど、押さえておくべき3つのポイントだけ、簡単におさらいしておきましょうか。

まず「売上総利益」ですね。売上高から売上原価を引いたもので、つまり、売上から商品を作るためのコストを引いた利益ですね。

そう。売上総利益が高いほど、製品やサービスの価値が高く、効率的にコストを管理できていることを示しています。

次に「営業利益」。これは、売上総利益から販売費および一般管理費を引いたもので、会社の本業で得られた利益のこと。

営業利益がプラスであれば、本業が順調にいっている証拠です。

最後に「当期純利益」。これは、会社が最終的にどれだけの利益を得たかを示しているんですね。

税金や一時的な収益・費用も考慮に入れた後の利益だから、これから会社の経営全体の収益性が評価できます。

Chapter1 ≫ 会社の「健康診断」——— 決算書の基本

9 お金の流れを理解する
キャッシュフローって何？

keyword キャッシュフロー計算書(CS)、フリーキャッシュフロー(FCF)

1 営業活動によるキャッシュフロー

　では、決算書のおさらいの最後に、キャッシュフロー計算書（CS：Cash Flow Statement）を見ていきましょう。キャッシュフロー計算書とは、企業の現金収入と現金支出の動きを示すものです。これをみれば、1年間のバランスシートにおける現金の増減の原因がわかります。図1-6を見てください。

　キャッシュフロー計算書は「Ⅰ.営業活動によるキャッシュフロー」、「Ⅱ.投資活動によるキャッシュフロー」、そして「Ⅲ.財務活動によるキャッシュフロー」の3つの部分に大きく分かれています。「営業活動によるキャッシュフロー」を見ると、その企業がどれだけの現金を生み出す力があるかがわかります。この数値が同業他社より高い場合、その企業は「キャッシュ創出力が高い」と評価できます。

　中には、損益計算書上で売上や利益が増えていても「営業活動によるキャッシュフロー」がマイナスの企業もあります。これは利益と現金の違いによるものです。売上があり利益が出ていても、代金を回収できていなければ手元に現金は残りません。そのため、「営業活動によるキャッシュフロー」がマイナスの場合、その企業は、経営に何らかの問題があることが考えられます。創業直後ならまだしも、成熟期にある企業の「営業活動によるキャッシュフロー」がマイナスであることは稀です。

図1-6:キャッシュフロー計算書

(万円)

Ⅰ. 営業活動によるキャッシュフロー		
1. 税引前当期利益	361	
2. 減価償却費	232	
3. 投資有価証券売却損益（△は益）	△ 11	
4. 固定資産売却損益（△は益）	0	
5. 売上債権の増減額（△は増加）	△ 65	
6. たな卸資産の増減額（△は増加）	△ 50	
7. 支払債務の増減額（△は減少）	23	
8. その他の資産、負債の増減額	138	
9. 法人税等の支払額	△ 231	
営業活動によるキャッシュフロー	397	－①
Ⅱ. 投資活動によるキャッシュフロー		
1. 定期預金の純増減額（△は増加）	96	
2. 固定資産売却による収入	0	
3. 固定資産取得による支出	△ 532	
4. 投資・有価証券取得による支出	△ 42	
5. 投資・有価証券売却による収入	17	
投資活動によるキャッシュフロー	△ 461	－②
Ⅲ. 財務活動によるキャッシュフロー		
1. 短期借入金の純減少額	△ 11	
2. 長期借入による収入	289	
3. 長期借入金の返済による支出	△ 21	
4. 配当金の支払額	△ 50	
財務活動によるキャッシュフロー	207	－③
現金及び現金同等物の増減額	143	（＝①＋②＋③）
現金及び現金同等物の期首残高	523	
現金及び現金同等物の期末残高	666	

※ Ⅰ＋Ⅱ の範囲がフリーキャッシュフロー（FCF）

考え方

■ **営業活動によるキャッシュフロー**
- 企業がどれだけのキャッシュを生み出す能力をもっているかがわかる
- このキャッシュフローの水準が同業他社比高い場合、競争力があるといえる（他社とは営業CF／売上高や営業CF／投下資本などの比率で比較するとよい）
- 営業キャッシュフローがマイナスの場合、経営上、危険な状態にある（ただし、企業の事業ステージが導入期の場合はこの限りではない）

■ **投資活動によるキャッシュフロー**
- 何に、いくら投資しているかがわかる
- 減価償却額と固定資産取得による支出を比較してみることによって、設備投資に積極的であるか把握できる
- 営業CFとのバランスに注意が必要（FCFが二期連続マイナスは黄色信号）

■ **財務活動によるキャッシュフロー**
- キャッシュの過不足の状況や資金調達方法、財務政策を把握することができる
- プラスの場合は、必要な資金が不足しており、新たに資金調達したことがわかる
- マイナスの場合は、営業活動で十分なキャッシュを稼いでおり、有利子負債の返済や配当・自社株買いなど株主への還元が行なわれたことがわかる

❷ 投資活動によるキャッシュフロー

次に「投資活動によるキャッシュフロー」について説明します。この数値を見ると、==企業がどんな投資を行っているかがわかります==。固定資産の取得額と減価償却費（→P152で説明します）を比較することで、その企業がどれほど積極的に投資活動を行っているかが見えてきます。

たとえば、多くの企業では、固定資産取得の金額と減価償却費の金額が同額であることが多いです。最低限、設備を維持するだけの投資をしようと考えるからです。この企業（図1-6）のように減価償却費の2倍以上もの固定資産を取得していると、この期は設備投資に積極的だったと考えられるのです。

ただし、積極的に投資しているからといって必ずしも良いわけではありません。営業活動によるキャッシュフロー以上に投資をしていると、「これは過大投資ではないか？」という懸念が生じます。そのため、投資活動と営業活動のバランスを考慮する必要があります。

「投資活動によるキャッシュフロー」は通常、キャッシュアウトフロー（現金支出）としてマイナス表示（図1-6では△）されます（固定資産や有価証券を売却した場合はプラス表示になることもあります）。

一方で、「営業活動によるキャッシュフロー」は健全な経営が行われていればキャッシュインフロー（現金収入）としてプラス表示されます。これらを合わせてプラスになれば、その企業は投資活動を補うほどの現金を営業活動で十分に稼いでいることになります。そして、有利子負債の返済や配当、自社株買いなどで株主に還元することも可能です。

❸ 財務活動によるキャッシュフロー

「財務活動によるキャッシュフロー」は、有利子負債の返済、配当、

自社株買いなどの活動で現金が出ていく場合に、マイナス表示されます。また、逆に「営業活動によるキャッシュフロー」と「投資活動によるキャッシュフロー」を合わせてマイナスになると、手元現金残高を減らすことになります。場合によって、資金を調達する必要があるのです。この場合、「財務活動によるキャッシュフロー」はプラスになります。

「財務活動によるキャッシュフロー」を見ることで、==企業がどのようにお金を集めているかがわかります==。たとえば、銀行からの借入、社債の発行、株式の発行などです。

また、企業が集めたお金をどのように使っているかがわかります。たとえば、有利子負債の返済、株主への配当、自社株買いなどです。これらは企業の財務戦略を理解するための重要な情報です。

❹ フリーキャッシュフロー

「営業活動によるキャッシュフロー」と「投資活動によるキャッシュフロー」を合わせたものを「==フリーキャッシュフロー（FCF：Free Cash Flow）==」と言います。この定義は主に、企業のフリーキャッシュフローの実績値を計算するときに用います。企業価値算定の際に使うフリーキャッシュフローの定義とは異なります（詳しいことは後ほど説明します）。

なお、この「フリー」は、投資家（株主や債権者）にとってのフリー、自由に使える現金ということを意味します。

そして注意してほしいのは、==フリーキャッシュフローが2年連続でマイナスになると危険信号==だということです。3年連続でマイナスの場合は、かなり危険です。なぜなら、フリーキャッシュフローがマイナスであるということは、企業が行った投資がうまく営業活動に結びついていないことを意味するからです。

図1-7：財務3表のつながり

貸借対照表（BS）、損益計算書（PL）、キャッシュフロー計算書（CS）の、いわゆる「財務3表」について概要を説明しました。この3表がどうつながっているのか、簡単に整理しておきましょう

貸借対照表（BS）

流動資産 現金及び預金	流動負債 固定負債
固定資産	資本金 利益剰余金

PLの「当期純利益」はBSの「利益剰余金」につながる

株主資本等変動計算書
利益剰余金期首残高
＋当期純利益
－配当
利益剰余金期末残高

※利益剰余金は企業が過去に稼いだ利益の累計であり純資産の一部です。

損益計算書（PL）

売上高
売上原価
売上総利益
販管費
営業利益
営業外収益
営業外費用
経常利益
特別利益
特別損失
税引前当期純利益
当期純利益

CSの「現金の残高」はBSの「現金及び預金」につながる

PLの「当期純利益」はCSの「当期純利益」につながる

キャッシュフロー計算書（CS）

営業キャッシュフロー 当期純利益
投資キャッシュフロー
財務キャッシュフロー
現金の残高

参考：『財務3表一体理解法』（国定克則著／朝日新書）

Chapter1 ≫ 会社の「健康診断」──── 決算書の基本

10 企業のライフサイクル
企業の成長ステージとお金の関係

keyword 企業のライフサイクル、営業CF、投資CF、財務CF

① 企業の4つの成長段階

　企業のキャッシュフローは、その企業が成長のどの段階にいるかで大きく変動します。企業のライフサイクルは、①**導入期**、②**成長期**、③**成熟期**、④**衰退期**の4つに分けられます。

　42ページの図I-8をご覧ください。

　上段の図は、企業の事業ステージにおける売上高の推移を示したものです。縦軸が売上高を示し、企業は成長するにつれてSの字に似たカーブを描くことがわかります。キャッシュフロー計算書を分析する際には、その企業がどのステージにあるかを考えることが重要です。

　なお、このようなカーブは企業だけでなく、製品やサービス、人の一生にも当てはまります。たとえば、Amazonの創業者であるジェフ・ベゾスは、「Amazonもいつかは倒産する」と語り、企業が顧客のニーズを満たし続けることが存続の鍵だと述べています。Amazonが成長を続けるためには、顧客の期待に応え続けることが必要だと言ったのです。

② 企業の成長にはキャッシュが必要

　本題に戻りましょう。下段の図は、企業の成長段階ごとのキャッシュフロー（CF）の動きを示しています。＋（プラス）はお金が入ってくること、－（マイナス）はお金が出ていくことを意味します。

図1-8：企業の事業ステージによる売上とキャッシュパターン

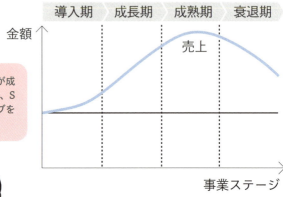

事業ステージと売上パターン

売上高は企業が成長するにつれ、S字に似たカーブを描きます

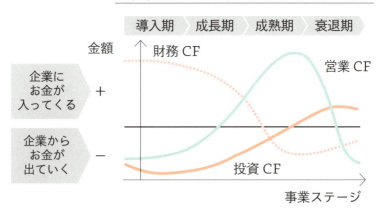

事業ステージとキャッシュパターン

導入期では、顧客がまだ少なく、営業活動の現金支出が現金収入を上回ります。そのため、営業キャッシュフローはマイナスです。また、未来への投資も必要なので、投資キャッシュフローもマイナスになります。しかし、資金を集める必要があるため、財務キャッシュフローはプラスになります。

　成長期に入ると売上が増加し、営業キャッシュフローはプラスに転じます。その結果、事業資金は自己資金でまかなえるようになり、財務キャッシュフローは減少します。

　やがて成熟期になると、営業キャッシュフローがピークに達します。そして衰退期に入ると、営業キャッシュフローは減少し続けます。この段階では、投資キャッシュフローがプラスに転じ、財務キャッシュフローはマイナスになります。これは、企業が資産を売却して現金を得て、その現金で借金を返済していることを意味します。

　この図から伝えたいことは2つです。まず、導入期では営業キャッシュフローがマイナスになることもあるということです。次に、導入期や成長期では財務キャッシュフローがプラスであるということ。これは企業にお金が入ってきていることを意味します。ようするに、企業の成長にはお金が必要だということです。

❸ 配当と株主の関係

　以前、「配当を出さない企業は株主を軽視している」と批判しているニュースがありました。しかし、Appleのスティーブ・ジョブズは在任中の17年間、配当を一切出しませんでした。Microsoftのビル・ゲイツも1975年の上場から2003年まで28年間配当を出しませんでした。それにもかかわらず、株主が「配当をよこせ」と言ったという話はありません。なぜなら、株主が求めているのは配当だけでなく、企業の成長も含まれるからです。

④ 成長と配当の関係

　Microsoftが初めて配当を出すと発表した際、株価が約5％下がりました。これは、市場がMicrosoftの成長が止まり、成熟期に入ったと解釈したからでしょう。配当は企業からお金が外に出ていくことを意味します。企業の成長にはお金が必要です。Microsoftが配当を始めたことで、成長のための投資機会（お金の使い道）が減ったと市場は考えたのです。

　成長と配当は、トレードオフの関係にあります。トレードオフとは、何かを得るために別の何かを犠牲にしなければならない関係のことです。多くの上場企業の中期経営計画には、「これからも成長し、株主還元を強化していきます」などと書かれていますが、この株主還元とは配当だけでなく、自社株買いも含まれます。つまり、成長と株主還元を同時に進めるということです。しかし、成長と株主還元（配当）はトレードオフの関係にあることを忘れないようにしてください。

Chapter1 》会社の「健康診断」——— 決算書の基本

11 決算書をおさらい 会社当てクイズ

決算書の基礎知識をアウトプットしよう！

さて、ここまではファイナンスを学んでいくのに必要な決算書の読み方や考え方についてざっくりと説明してきました。ここでは少し趣向を変えて、これまでの知識を使って、皆さんに「会社当てクイズ」をやっていただきたいと思います（ただし、このクイズはかなりの難問です。なので、自信のない方はいったん読み飛ばしていただき、最後までいったん読んでから、あらためてチャレンジしてもいいかもしれません）。

演習問題：会社当てクイズ

次ページの財務諸表5社は以下の企業です（全て連結ベース）。図A〜Cの財務諸表から業界・会社の特徴を読み取り、企業1〜5が次のどれに該当するか判断してください。また、その理由も考えてください。

- ニトリ
- 日本製鉄
- 丸井グループ
- 丸紅
- メルカリ

いきなり財務諸表だけを見てその企業を言い当てるのは上級者でも難しいので、ヒントを用意しています。まずヒントをじっくり読んでから考えてみてください。

図A　バランスシート（BS）

貸借対照表

構成比（%）	企業1	企業2	企業3	企業4	企業5
【資産】					
流動資産	43%	46%	85%	29%	70%
現金・短期有価証券等	6%	7%	55%	11%	6%
売上債権	13%	17%	1%	6%	50%
棚卸資産	22%	14%	0%	10%	0%
その他	2%	8%	29%	2%	15%
固定資産	57%	54%	15%	71%	30%
有形固定資産	32%	12%	1%	58%	17%
無形固定資産	2%	4%	0%	0%	1%
投資その他	23%	38%	14%	10%	11%
資産合計	100%	100%	100%	100%	100%
【負債】					
流動負債	23%	33%	66%	21%	26%
固定負債	28%	28%	22%	7%	49%
負債合計	51%	61%	88%	28%	75%
【純資産】					
資本金	4%	3%	12%	1%	4%
剰余金その他	45%	25%	0%	71%	22%
純資産合計	49%	39%	12%	72%	25%
負債・純資産合計	100%	100%	100%	100%	100%

図B　損益計算書（PL）

損益計算書

構成比（%）	企業1	企業2	企業3	企業4	企業5
売上高	100%	100%	100%	100%	100%
売上原価	84%	85%	33%	49%	13%
売上総利益	16%	15%	67%	51%	87%
販管費	8%	11%	57%	37%	70%
営業利益	7%	4%	10%	14%	17%
営業外収益	4%	6%	0%	1%	1%
受取利息・配当金	0%	0%	0%	0%	0%
持分法投資損益	2%	4%	0%	0%	0%
その他	2%	1%	0%	0%	0%
営業外費用	2%	1%	0%	0%	2%
支払利息・割引料	0%	1%	0%	0%	1%
その他	1%	0%	0%	0%	1%
経常利益	9%	8%	10%	15%	15%
特別利益	0%	0%	0%	0%	0%
特別損失	1%	0%	1%	1%	16%
法人税等その他	2%	1%	2%	4%	5%
当期利益	6%	7%	8%	10%	10%

図C　財務指標

構成比（%）	指標比較				
	企業1	企業2	企業3	企業4	企業5
【総合力】					
ROE	11%	14%	28%	10%	10%
ROA	5%	6%	3%	7%	3%
【収益性】					
売上高総利益率	16%	15%	67%	51%	87%
売上高営業利益率	7%	4%	10%	14%	17%
【効率性】					
総資産回転率（回）	0.9	0.9	0.5	0.8	0.2
有形固定資産回転率（回）	2.7	7.1	49.7	1.3	1.4
売上債権回転日数（日）	55	73	11	28	759
棚卸資産回転日数（日）	106	69	0	95	7
【安全性】					
純資産比率（自己資本比率）	49%	39%	12%	72%	25%
流動比率	185%	137%	129%	136%	275%
当座比率	81%	71%	85%	82%	217%
固定比率	116%	140%	119%	99%	116%
【成長性】					
売上高成長率（直近）	11%	(21%)	17%	(6%)	8%

【ヒント①】

まず、図Aのバランスシート（BS）を見てください。注目してほしいのは企業3です。この企業は、資産の55％を現金や短期有価証券で運用しています。短期有価証券とは、1年以内に売買を繰り返す有価証券で、現金化しやすい資産です。このような会社は「キャッシュリッチ」と呼ばれます。

【ヒント②】

次に特徴的なのは企業4です。この企業は資産の58％を有形固定資産で運用しています。有形固定資産とは、機械設備や土地などの目に見える資産のことです。このように有形固定資産で資金を運用している会社は、装置産業と呼ばれることがあります。一方、企業3にはほとんど有形固定資産がありません。

【ヒント③】

　次に注目していただきたいのは企業5の売上債権です。売上債権とは、売掛金や受取手形など、決算日の時点で現金回収できていない債権のことです。企業5では、これが資産の半分を占めています。

【ヒント④】

　次にお金の調達方法を見てみましょう。「剰余金その他」は内部留保を意味します。企業4の内部留保は71％で、これは当期純利益から配当を支払った後に積み上げられてきた利益を示しています。このような企業は負債の割合が低く、銀行に好まれます。つまり、借金が少なくて倒産しにくい企業です。一方、企業3の内部留保は0％で、これは累積していた損失がやっと解消されたことを意味します。

【ヒント⑤】

　図Bの損益計算書を見てください。売上総利益は付加価値力を示す利益です。企業3と企業5の売上総利率は67％、87％と高く、付加価値力は非常に高いことがわかります。たとえば、製造業では、製造コストを抑えながら付加価値の高い製品を作り、高い価格で販売できれば、売上総利益率は高くなります。

【ヒント⑥】

　営業利益率を見てください。便利な物差しを2つ紹介します。

1. 日本の上場企業（金融業を除く）の平均営業利益率は約5％です。
2. カルビーの元社長松本晃氏は、「アメリカでは営業利益率が2桁に満たない企業の社長は失格」と言っています。つまり、アメリカでは営業利益率が10％以上であることが求められます。

企業3、企業4、企業5は営業利益率が10％以上であり、高収益企業と

いえます。企業2の営業利益率は4％ですが、資産の38％が株式投資であり、これによる収益は営業外収益に計上されます。この企業の持分法投資損益（関連会社の持分相当の損益）は4％です。したがって、企業2の実力は営業利益率8％相当と考えることができます。

【ヒント⑦】

図Cの財務指標に注目してください。売上債権回転日数は、売掛金や受取手形が現金として回収されるまでにかかる日数です。企業5は商品やサービス提供後、759日で現金を回収しています。現金商売の売上債権回転日数は0日です。現金商売に近い企業3は11日で回収しています。

【ヒント⑧】

棚卸資産回転日数を見てください。棚卸資産は在庫であり、これを1日あたりの売上原価で割ったものが棚卸資産回転日数です。小売業の場合、売上原価は仕入コストです。製造業の場合は製造コスト（原材料、労務費、その他経費）です。棚卸資産回転日数が意味するものは、小売業の場合は仕入れの何日分の在庫を保有しているか。製造業の場合は、原材料を仕入れてから、販売までの日数（リードタイム）です。いずれにしても、在庫水準といえます。企業3は在庫を持っていませんが、企業1と企業4は品ぞろえが豊富なビジネスをしている可能性があります。

以上をヒントに、まずはご自身で考えてみてください。

解答と解説

いかがでしたか？　それでは解説していきましょう。

まず、当てていただきたかったのは企業3の**メルカリ**です。決め手は

在庫がない点でしょうか。キャッシュリッチであることに驚いた方もいるかもしれませんが、これは預り金の存在が大きな要因です。多くのユーザーがメルカリで得た売却代金をそのままメルカリのアカウントに置いておきます。これは、メルカリにとっては無利息の借金のようなもので、バランスシートの調達サイドに計上されています。

　また、有形固定資産がほとんどないことも、IT企業の特徴です。さらに、剰余金その他がゼロという点から、過去の累積損失がやっと解消されたばかりであることがわかります。これは業歴が浅い企業であることを示しています。

　次にわかりやすいのは、企業5の丸井グループでしょう。売上債権回転日数が759日というのは、事業会社であれば異常な長さです。これは顧客に融資をしている可能性を示唆していると言えるでしょう。5つの会社の中で金融業を営んでいるのは丸井グループだけです。

　丸井グループは実は金融の老舗ともいえます。1960年に日本で初めてクレジットカードを発行した会社であり、リボ払いや分割払いの導入により、多額の売上債権が発生しています。

　丸井グループの営業利益の約90％はフィンテックセグメントからのものであり、このことが営業利益率17％という高収益に結びついています。一方、小売部門の営業利益率は約5％です。

　製鉄所や工場を保有していることから、有形固定資産の比率が58％と高い企業4を日本製鉄と考えた方もいるかもしれません。しかし、企業4の損益計算書を見てみると、売上総利益率が51％と非常に高いことがわかります。鉄を作るための原材料である鉄鉱石や石炭は売上原価に計上されるため、売上総利益率が高すぎるのは不自然です。

　企業4の次に、有形固定資産の比率が高いのは企業1です。実際のところ、製造業の有形固定資産の割合は資産の30％から40％程度と言われています。企業1が日本製鉄です。

総合商社である丸紅のビジネスは大きく2つに分かれます。1つは、従来からのモノを仕入れて売るトレーディング事業、いわゆる手数料ビジネスです。もう1つは、投資事業です。企業2の資産の38％が株式投資に関連しており、持分法適用会社の利益が多いことから、関連会社の多いことがわかります。こうしたことも総合商社の特徴といえます。よって企業2が丸紅となります。売上債権回転日数が比較的長いのは、商社の金融機能が反映されているといえます。

　そして、残りの企業4はニトリです。店舗や工場を所有しており、有形固定資産が多いのが特徴です。また、一般消費者を対象としたビジネスであるため、現金で支払う顧客が多く、売上債権回転日数が短くなる傾向にあります。
　棚卸資産回転日数が長いのは、品揃えが豊富であることを示しています。さらに、売上総利益率が高いのは、商品の9割がプライベートブランドであり、自社で製造しているため製造コストを抑えられることが要因です。

答え

企業1　日本製鉄
企業2　丸紅
企業3　メルカリ
企業4　ニトリ
企業5　丸井グループ

いかがでしたか？

難しかったです……。正直言って、手も足も出ませんでした。

でも、ヒントを読んだらなんとなく答えがわかったでしょう？

はい。でも不思議ですね。はじめはただの数字の羅列にしか見えなかったものが、注目すべきポイントを教えてもらっただけで、企業活動の成果に見えてきたんですから。

そこが会計、ファイナンスのおもしろいところです。Chapter2からは、そのポイントを見極めるためのさまざまな指標について、学んでいきましょう。

Chapter 2

投資の利回りとコスト

——賢い選択のために

Chapter2 ≫ 投資の利回りとコスト ──── 賢い選択のために

1 企業価値向上のために
ようこそファイナンスの世界へ

keyword 3つの意思決定、デット、エクイティ、企業価値

先生、そもそも、ファイナンスって具体的にどんなことに役立つんですか？

ファイナンスは、企業の意思決定に役立つ大切な道具なんです。具体的には、3つの意思決定に使われます。

はて……、3つの意思決定とは？

まずは投資をするか否の意思決定。次に、資金調達の意思決定。そして最後に、株主還元に関する意思決定の3つです。これから、3つの意思決定について順に見ていきましょう。

❶ ファイナンスという道具の使いみち

　私はファイナンスを、企業の「3つの意思決定」すなわち(1)投資をするか否かの意思決定、(2)資金をどう調達するかの意思決定、(3)株主にどう還元するかの意思決定に役立つ道具と考えています。

　まず、(1)投資をするか否かの意思決定をしますね。そして、投資をすると決まったら、次に(2)資金をどう調達するかの意思決定をするわけです。まずは自己資金で間に合うのか、不足する場合は、外部から調達するのか判断する必要があります。また、外部から調達するなら、デット（Debt：銀行借入や社債などの有利子負債）なのか、エクイティ（Equity：企業が新株を発行して調達する資金のこと。「株主資本」とい

図2-1：ファイナンスとは何か

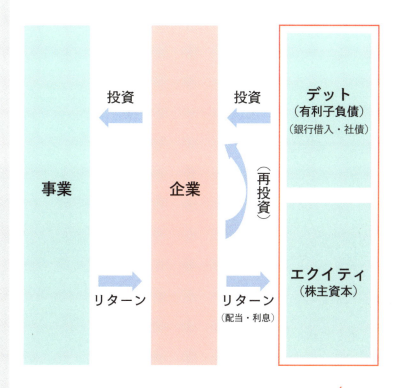

(1) 投資に関する意思決定
(2) 資金の調達に関する意思決定
(3) 株主還元に関する意思決定

➡ 企業価値の最大化

 (1)〜(3)の3つの意思決定に役立つ道具、それがファイナンスです

う）なのかといった、資金調達の手段を決定する必要があります。

さて、用意したお金を事業でぐるぐる回していく（運用していく）と、うまくいけばやがてリターンとなって返ってきます。利息は支払う必要がありますが、配当や自社株買いなどの株主還元は行わず、事業に再投資することも可能です。ここで必要になるのが、(3)株主にどう還元するかの意思決定です。そして、これらのファイナンスが扱う3つの意思決定の目的は、企業価値の最大化にあります。

❷ 企業価値向上の先にあるもの

ファイナンスの目的は「企業価値の最大化」であると言いました。ところが、その企業価値の最大化も、実は最終目的ではなく、あくまで「事業継続」のための「手段」にすぎません。

事業継続のためには、「未来投資」（→P29）が必要です。自己資金や借金では足りず、株式で資金調達することもあるでしょう。出資してもらった100万円を90万円に減らしてしまうような会社には、株主は出資してくれません。つまり、資金調達をするためには企業価値を高めるような経営をしておく必要があるのです。

❸ 企業の目的は「世の中に役立つ」こと

そして実は、事業の継続も目的ではなく、手段のひとつにすぎません。事業継続の目的は企業の存在意義を確立し、使命（ミッション）やビジョンを実現すること、つまり、世の中の課題解決に役に立つことです[3]。

企業価値を高める経営とは、最終的には企業が世の中に価値を提供し、世の中の役に立つために必要だということです。つまり、それがファイナンスの最終目的なのです。

図2-2:企業価値向上の先にあるもの

ビジョン・理念の実現

存在意義の確立

事業の継続

未来投資のための資金調達

企業価値向上

ファイナンスの最終目的は「世の中の問題解決に役立つこと」と言えるでしょう

---

3 アインシュタインはかつて学生から人生の意味を聞かれ、こう答えたそうです。「誰かのためになるために人は生きているに決まっているじゃないですか!」

Chapter2 ≫ 投資の利回りとコスト ─── 賢い選択のために

2 企業とは何か
ステークホルダーと企業との関係

keyword ステークホルダー、価値の交換

❶ 企業とは「仕組み」である

「企業とは何か」と聞かれたら、なんて答えますか？

法律上の企業の定義はいろいろあるでしょうが、私は、「企業とは仕組み（システム）」であると考えています。

企業には、さまざまな利害関係者がいます。これらをステークホルダーといいます。「顧客」「仕入先」「従業員」「銀行などの債権者」「国・地方公共団体」や「株主」などがステークホルダーです（図2-3）。そして企業とステークホルダーは、価値と価値との交換を行っています。

順を追って説明しましょう。まず、企業は顧客に製品や商品・サービスなどの価値提供を行います。そしてその対価として、顧客は代金を支払います。これが「売上」です。また、仕入先からは原材料、商品や部品などの価値提供を受けますが、企業はその対価として代金を支払います。これが「売上原価」になります。その他にも、従業員は労働力や時間などの人的資本を提供した対価として、企業から賃金の支払いを受けます。これは一般管理費の中の「人件費」に相当します。銀行などの債権者は融資（資金の提供）という価値提供を行い、その対価として企業は利息を支払います。これが営業外費用の中の「支払利息」です。国・地方公共団体は公共サービスという価値提供を行いますが、企業はそれに対し「税金」を支払います。株主は出資（資金の提供）という価値提

供を行い、企業は「配当と成長」という形でお返しをするわけです。

このように、企業と各ステークホルダーは価値と価値との交換を行っています。これが、企業とは各ステークホルダーの便益（価値）を増やしていくための「仕組み」であると、私が考える所以です。

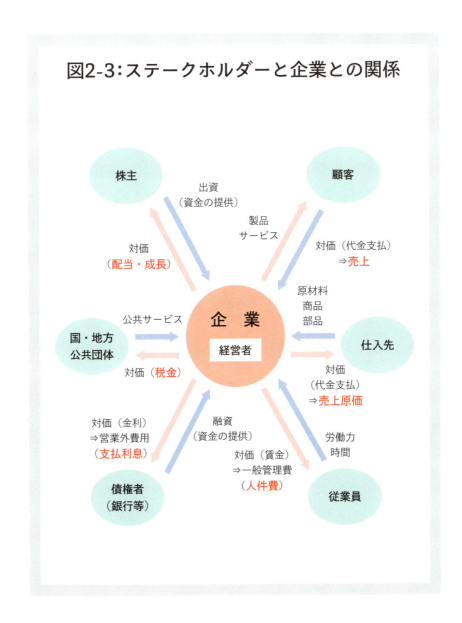

図2-3：ステークホルダーと企業との関係

Chapter2 ≫ 投資の利回りとコスト ──── 賢い選択のために

3 会社の価値
企業価値は誰のため？

keyword 資金提供者、債権者価値（デット）、株主価値

❶「企業価値」とは何か

　では、ファイナンスにおける<mark>企業価値</mark>は、誰にとっての価値なのでしょうか。答えは「<mark>資金の提供者</mark>」です。つまり債権者と株主です。そしてこの企業価値は、債権者にとっての価値と株主にとっての価値に分けられます。

　図式化すると、企業価値は次のようになります。

企業価値＝債権者価値（有利子負債）＋株主価値

　ただしそうはいっても、企業は資金調達時に決めた返済金額と利息以上のものを、債権者に払う必要はありません。よって、<mark>企業価値を増やすことは、株主価値を増やすこと</mark>なのです。

　多くの会社の経営者はよく「企業価値経営」といいますが、「株主価値経営」とは言いません。おそらく、よく理解できていない経営者もいるのではないでしょうか。企業価値経営は即ち株主価値経営です。経営者に求められていることは、株主にとっての価値を増やすことなのです。

　「でもそれってつまり、株主だけがハッピーになればいいってこと？」と思われるかもしれませんが、そういうことではありません。このことについては、次項で説明しましょう。

図2-4：ファイナンスにおける企業価値

企業価値向上とは株主価値向上であると考えていいでしょう

債権者価値（有利子負債）

これを増やす！

企業価値

資金調達時に決めた返済金額と利息以上は必要なし

株主価値

企業価値
＝
債権者価値
＋
株主価値

Chapter2 ≫ 投資の利回りとコスト ──── 賢い選択のために

お金の分配
4 分配は流しそうめんで理解

keyword 流しそうめん理論、株主、社長の仕事

❶ 流しそうめんを最後に食べるのは誰？

　私はよく、損益計算書における「売上」を流しそうめんにたとえて説明します。売上という名のそうめんが上から流れてくると想像してみてください。

　このそうめんを、最初に食べるのは誰ですか？　まず仕入先、取引先ですね。そしてそのあと、従業員が食べ、取引先が食べます。次に債権者が利息という名のそうめんを食べて、そのあとで今度は国・地方自治体が税金という名のそうめんを食べます。そして最後に残ったそうめんを食べる存在、これが「株主」です。==株主というのは、そうめんを最後に食べる存在==なのです。たくさん流れてくることもあれば、全く流れてこないこともあるでしょう。それが株主の置かれている立場です。

　あるとき、株主が自分の食べるそうめんが少ないと社長に文句を言ってきたとします。すると、あせった社長は、まず仕入先や取引先、あるいは従業員の食べるそうめんを減らそうと考えるかもしれません。そうすれば簡単に株主が食べるそうめんは増えるからです。

　しかし、そんな会社が継続するでしょうか？　仕入先・取引先あるいは従業員の皆さんの価値提供に見合ったそうめんが食べられないような会社からは、離れていくのではないでしょうか。

　つまり、==このステークホルダーの間で、そうめんの分配に偏りがあるような会社は、存続が難しい==ということです。

ファイナンスというと、あたかも株主が得をすることばかり追求していると思われがちですが、そうではないということをご理解いただければと思います。社長の仕事は、「適正なそうめんの分配」なのです。それぞれのステークホルダーに適正なそうめんを配し、その結果として株主が食べるそうめんの量を増やし続けていくことが、経営者に求められているのです。

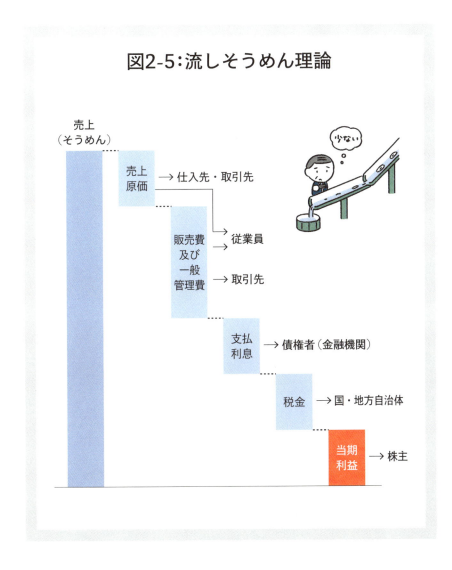

Chapter2 ≫ 投資の利回りとコスト ──── 賢い選択のために

5 企業の利益
本当に儲かっているの？

keyword キャピタルゲイン、調達コスト、評価基準

企業は、どうなったら儲かったって言えると思いますか？

それは、利益を出せば、儲かったって言えるんじゃないですか？

利益を出すって、もう少し具体的に言うと？

えっと……利益は売上から費用を引いたものですよね。たしか、損益計算書の一番下に書いてある「当期純利益」がプラスなら、儲かったって言えるんじゃないでしょうか？

よく覚えていましたね。でも、当期純利益がプラスでも、必ずしも企業が儲かったとは言えないんですよ。

えっ、そうなんですか！

では、ここでひとつ問題を出してみましょうか。仮に井上さんが昨年の株式投資で50万円のキャピタルゲイン（売却益）を獲得したとしましょう。井上さんは、儲かったんでしょうか？

キャピタルゲインって、株式を購入したときの株価と売却したときの株価の差額ですよね。50万円の売却益を出したんだから、儲かったんじゃないですか。

そう言うのも無理ないですね。でも、わざわざ質問しているということは…？

え、この情報だけじゃ儲かったと言えないってことですか？

そうなんです。他にどんな情報が必要だと思いますか？

❶ アウトプットでは「儲け」はわからない

　これまで繰り返してきたように、アウトプットだけでは儲かったかどうか言えません。重要なのはインプット、つまり投資金額も考える必要があるからです。また、それだけでなく、投じた資金の調達コストも考え、評価基準と比較することも必要です。

　たとえば、50万円投資して1年後に100万円に増えた場合、キャピタルゲインは50万円で、利回りは100％になります（利回りの計算方法については次項で説明します）。

　一方で、500万円投資して1年後に550万円になり、キャピタルゲインが50万円だった場合、利回りは10％です。もし、この投資資金500万円を20％の利率で銀行から調達していたら、10％の利回りでは赤字です。

　さらに、5％で資金を調達して10％の利回りを得た場合でも、それで儲かっているとは言えません。投資の世界での評価基準として一般的なTOPIX（東証株価指数）がその年に30％の利回りだったとしたら、10％の利回りでは市場平均以下となってしまうからです。

　このように、儲かっているのかどうかは、アウトプットだけではなくインプット、さらには調達コストやTOPIXの利回りとの比較を行わないことには、判断できないのです。

Chapter2 》投資の利回りとコスト ──── 賢い選択のために

6 「儲け」を知るための第一歩
押さえておきたい利回り計算

keyword 利回り、収益率、キャッシュフロー

❶ それを獲得するのにどれくらい投じたか

「利回り」とはリターン、つまり収益率のことです。利回りの計算は、「得たお金（アウトプット）」を得るために「使ったお金（インプット）」で割るだけです。ここでのアウトプットは、使ったお金に対して増えた分になります。

$$\text{利回り}(=リターン=収益率)=\frac{アウトプット}{インプット}$$

たとえば、400円で買ったXという株を1年後に600円で売ったとします。この場合の利回りはどうなるでしょうか？

使ったお金（インプット）は400円、得たお金（アウトプット）は増えた分の200円です。だから、利回りは200円÷400円で50％になります。

逆に、1年後に株価が200円に下がった場合は、得たお金（アウトプット）はマイナス200円（200円－400円）です。つまり、利回りはマイナス50％になります。これが、利回りの計算方法です。しっかり頭に入れておいてください。

Chapter2 》投資の利回りとコスト ──── 賢い選択のために

7 得るために何を投じた？
会社のアウトプットとインプット

keyword 税引後営業利益、みなし法人税、投下資本、投下資産

❶ 税引後営業利益と投下資本

さて、ここからはいよいよ、企業の1年間の利回り（＝リターン＝収益率）を計算する方法を説明します。そのためにはまず、企業にとってのアウトプット（得たお金）とインプット（使ったお金）を考える必要があります。

企業にとってのアウトプットは、1年間で稼ぎ出す「税引後営業利益」です。次の計算式で求められます。

> **税引後営業利益**
> ＝営業利益－みなし法人税（営業利益×税率）

営業利益から税金を引いたものが、債権者と株主にとっての利益となります。「みなし法人税」とは、実際の法人税ではなく、仮に営業利益に税金がかかるとした場合の税金です。実際には営業利益ではなく、課税所得に税金がかかりますが、実務では簡単にするために営業利益に税率をかけることが一般的です。

では、企業が「税引後営業利益」というアウトプットを稼ぐために使ったインプットは何でしょうか？　これは、企業が借りたお金（デット＝有利子負債）と株主から集めたお金と今までの利益の蓄積（エクイ

図2-6:企業のインプット

```
           運転資本*
                        デット
                      (有利子負債)
投下資産                              投下資本
          固定資産・
          投資その他    エクイティ
                      (株主資本)
```

調達サイド　投下資本＝有利子負債＋株主資本

運用サイド　投下資産＝運転資本＋固定資産・投資その他

運転資本*とは企業が日々運営を続けるために必要な資本のことです。ここでは運転資本＝流動資産－流動負債(除く短期借入金)と定義しています

ティ＝株主資本）です。この2つを合わせたものを「==投下資本==」といいます。

また、投下したものを運用サイドで見れば、運転資本（事業を運営するためのお金）と固定資産・投資その他です。これを「==投下資産==」と呼びます。運転資本の定義によりますが、基本的には「投下資本＝投下資産」となります。

❷ なぜ総資産ではなく、投下資本なのか

講座などで私がこの話をすると、よく「なぜバランスシートの総資本（総資産）ではなく、投下資本を使うのですか？」という質問があります。これは「なぜ無利子負債（買掛金や支払手形）を含まないのか」という質問に言い換えることができます。この理由は少々ややこしいのですが、大切なことなので、かみ砕いてゆっくり説明します。

たとえば、ある企業が材料を「掛け」で仕入れたとします。「掛け」とは、飲み屋でいう「ツケ」と同じで、「先に材料をもらって、お金は後で払う」ということです。そうすると、実際にお金を支払うまでの間、会計上は買掛金や支払手形としてバランスシートの右側（調達サイド）に記載されます。

でも、これらは本当に「無利子」ですか？　仮に、あなたが電化製品メーカーと取引している部品メーカーの経営者としましょう。急に電化製品メーカーから「支払いを3か月から6か月に延ばしてくれ」と頼まれたらどうしますか？　当然、あなたの会社はお金を受け取るのが遅れるので資金繰りが悪化します。場合によっては、追加の運転資本（事業を運営するためのお金）を借りる必要が出てくるかもしれません。そうなると、借りたお金には利息（＝利子）がかかります。こういう場合、経営者のあなたは、==その利息を部品の価格に上乗せしたくなる==のではないでしょうか？

このように、「掛け」の取引が必ずしも「無利子」とはいえないことがわかります。無利子負債という形でお金を提供するからには、提供した人（債権者）は何かしらの「見返り」を求めます。それは必ずしも利息として明示されるわけではなく、部品の原価に上乗せされているかもしれません。企業の「税引後営業利益」を計算する過程で、売上原価（部品の原価）に紛れた債権者へのキャッシュフロー（見返り）が引かれている可能性があります。

したがって、分子（税引後営業利益）と分母（投下資本）の整合性を保つためには、総資本（総資産）からも無利子負債部分を引いておく必要があるのです。

❸ 総資本からあらかじめ引いておく

もしどうしても、無利子負債を含めた総資本（総資産）を分母（計算の基準）にしたいなら、分子（上にくる数）は、債権者（お金を貸してくれる人）と株主に帰属するキャッシュフローにするべきです。つまり、分子の税引後営業利益に、売上原価に含まれている「無利子負債の債権者に帰属するキャッシュフロー」を売上原価から抜き出して加える必要があります。こうすることで、初めて分子と分母の整合性がとれます。

しかし、売上原価に隠れている「明示されていない無利子負債部分のコスト」を抜き出すことは、現実には不可能です。そのため、分子の税引後営業利益と分母の投下資本との整合性を保つためには、あらかじめ総資本（総資産）から無利子負債部分を引いておく必要があるのです。

ややこしい話はここまでです。どうぞここらで、ひと休みしてください。

Chapter2 ≫ 投資の利回りとコスト ──── 賢い選択のために

8 ROICとWACC
企業はどれだけ儲ければ合格?

keyword　ROIC、WACC、EVAスプレッド

❶ 企業はどれだけ儲ければいいのか

まず、次ページの図2-7をご覧ください。図にある通り、企業は右側からデット（有利子負債）とエクイティ（株主資本）でお金を集め、資産に投下（インプット）し、税引後営業利益という成果（アウトプット）を得ます。この時の収益率を「投下資本利益率（ROIC：Return On Invested Capital）」といいます。これは、企業が事業活動のために使った資本に対して、どれだけの成果を得られたかを示すものです。

そして、経営者はデットとエクイティを加重平均した調達コスト、つまり「加重平均資本コスト（WACC：Weighted Average Cost of Capital）」よりも高いROICを稼ぐことで、企業価値を高めることができるのです。

いきなりいろいろな略語が出てきたので、驚いたかもしれませんね。もう一度、図2-7をご覧ください。調達コストとは、図の右側にある「Cost of Debt（負債コスト）」と「Cost of Equity（株主資本コスト）」を加重平均したもの（WACC）です。企業の経営者はWACCよりも高いROICを稼いで初めて合格点をもらえるのです。

多くの経営者は、損益計算書の「売上高」と「利益」の前年比較で「増えた、減った」と業績を見ています。しかし、企業の本当の業績は、損益計算書ではわかりません。繰り返しになりますが、WACCよりも高いROICを稼いで初めて、「今年の業績は良かった」と言えるのです。

図2-7：ROICとWACCの関係

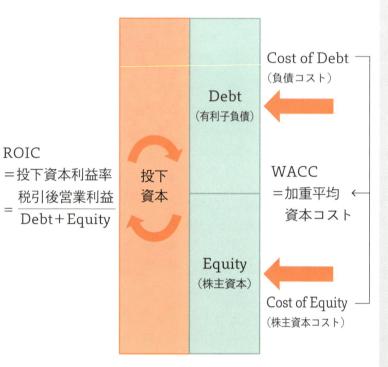

WACCを算出するには、デットとエクイティをどれくらいの割合で調達しているかを考慮した「加重平均計算」が必要になります（→P87参照）

❷ EVA は価値創造額を測る指標

企業価値の増加額を測る指標を計算するのに、「ROIC」と「WACC」の差を使います。これを「EVAスプレッド」といいます。経営者の仕事は、このEVAスプレッドをプラスにすること、そしてさらに大きくすることです。

ちなみに、EVAスプレッドに投下資本（デット＋エクイティ）を掛けることで「EVA（Economic Value Added）」を計算できます。

$$EVA =（ROIC - WACC）× 投下資本$$

これこそが、1年間の企業価値の増加額を測る指標です。EVAスプレッドがマイナスだと、いくら資本を使っても意味がありません。むしろ、資本を使えば使うほど、企業価値が減ってしまいます。

そして、EVAの計算式は次のように変形できます。

$$EVA = 税引後営業利益 - 投下資本 × WACC$$

通常、WACCは「率」で表されますが、投下資本にWACC（率）を掛けると資本コスト額になります。つまり、次のように表すことができます。

$$EVA = 税引後営業利益 - 資本コスト額$$

Chapter2 ≫ 投資の利回りとコスト ―― 賢い選択のために

9 リスクの意味するもの
ファイナンスのリスクとは何か

keyword リスク、リスクフリーレート、リスクプレミアム

WACC（ワック）の話が出てきて、急に難しい顔になってきましたね。ワックなのに、ワクワク感がなくなったのかな？

図星です。しかも、先生の冗談がちょっと微妙です。

そうか……。でも、WACCよりも高いROICを稼ぐのが社長の仕事っていうことはわかりましたか？

はい、それはわかりました。でも、WACCって会社によって違うんですよね？

その通り。そしてこれから、負債コストと株主資本コストについて話しますが、この話を理解するには、まずリスクが何かを説明しなくちゃいけませんね。

❶「リスク＝危険」の認識は間違い？

「リスク」というと、何かをすることで損をする可能性があることを思い浮かべるのではないでしょうか。リスクが高いほど、大きな損をする可能性がある、という感じです。

私が以前通ったビジネススクールの先生は、リスクとは東洋の「危機」という文字がその本質を表していると説明してくれました。リスクには「危険」と「機会（チャンス）」の両方の意味があるということで

す。つまり、リスクにはプラスの面もマイナスの面もあるということです。リスクはプラスとマイナスの「バラツキ」と言い換えることもできます。

　ファイナンスには「ハイリスク・ハイリターンの原則」という重要な原則があります。しかし、この言葉は間違って理解されています。よく、「この金融商品はリスクが高いけど、その代わりに高いリターンが得られますよ」などという言い方がされますが、それは間違いです。ハイリスクというのは、ハイリターンもあれば、最悪なリターンもあるというように、リターンのバラツキが大きいということです。

　つまり、リスクが高いものにお金を投資するなら、それに見合った高いリターンを要求するべきだということです。言い換えれば、「バラツキがわからないものに、お金を投資してはいけない」ということです。なぜなら、予想されるリターンがリスクに見合うかどうかわからないからです。

　私たちが考えるべきなのは、リスクがあるかどうかではなく、そのリターンがリスクに見合っているかどうかです。アウトプットとインプットを考えるように、リターンとリスクを両方考えなくてはいけません。

リスクは「バラツキ」だと言いました。それでは、次の問題[4]に答えてください。A〜Cのうち、どの選択肢のリスクが一番高いでしょう。

　　A：マンションの2階から飛び降りる
　　B：マンションの4階から飛び降りる
　　C：東京スカイツリーの頂上から飛び降りる

4　この問題は、『パンダをいくらで買いますか？』（野口真人著、ダイヤモンド社）というおすすめの本から拝借しました。

そうですねえ。私は東京スカイツリーだと思います。

 そう答えるんじゃないかと思いましたよ。

 ということは、答えは違うってことですか!?

 私が「どれが一番危険ですか？」と聞いたのなら、東京スカイツリーでしょうね。しかし、私は「どのリスクが一番高いでしょうか？」と聞いたんですよ。

 ？？？

❷ リスクが高いのはどれ？

　リスクとは「バラツキ」のこと、つまり、「想定される結果」のバラツキです。東京スカイツリーの頂上から100人が飛び降りたら、全員が確実に死亡するでしょう。結果にバラツキがありません。つまり、リスクはゼロ（リスクフリー）になります。

　では、マンションの2階から飛び降りたらどうでしょうか？　ケガをする人もいますが、若い人や運動神経がいい人は無傷かもしれません。
　最後に、マンションの4階から飛び降りた場合はどうでしょう？　大ケガをする人、打ちどころが悪く亡くなる人、幸運にも無傷な人など、結果にバラツキが出ます。つまり、一番リスクが高いのは、Bの「マンションの4階から飛び降りる」ということになります。

❸ リスクプレミアムとは

　ファイナンスで、私たちが知っておかなければならない重要な概念は

さほど多くはありませんが、特に覚えておいてほしいのは「ハイリスク・ハイリターンの原則」です。大切なので繰り返しますが、これは、「リスクが高いのであれば、高いリターンを要求すべき」ということです。

図2-8をご覧ください。横軸がリスクで、縦軸が要求収益率になっています。図中に「リスクフリーレート」という言葉があります。リスクフリーとは「リスクなし」という意味です。国債など、ほぼリスクがない金融商品に投資する場合、投資家が要求する収益率をリスクフリーレートといいます。

次に図の「リスクプレミアム」を見てみましょう。たとえば、X社の

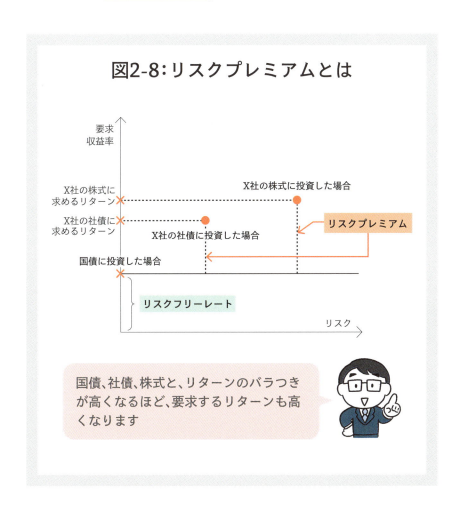

図2-8：リスクプレミアムとは

国債、社債、株式と、リターンのバラつきが高くなるほど、要求するリターンも高くなります

社債に投資する場合、国債に比べると倒産する可能性がありますから、リスクが高くなります。「ハイリスク・ハイリターンの原則」から、国債に投資するよりも高いリターンを要求するべきです。

　さらにX社の株式に投資する場合は、X社の社債に投資するよりもリスクが高くなります。そうなると、当然、求めるリターンもさらに高くなります。X社の社債や株式に投資する場合、この==リスクフリーレート以上に投資家が要求する部分を「リスクプレミアム」といいます==。これはリスクのある資産に投資することで得られるリターンから、リスクフリーレートを引いたもので、==リスクを取ることに対する報酬==といえます。

　この図では、X社の社債や株式に投資した投資家が求めるリターンは、リスクフリーレートにリスクプレミアムを加えたものだということがわかります。

　ところで、なぜX社の株式に投資するのとX社の社債に投資するのとで、同じ会社なのにリスクが異なるのでしょうか。それは、社債は銀行からの借入と同じように、あらかじめ融資契約で利率や返済期日が決まっているからです。

　一方、株式の場合は、配当や株価の上昇益がリターンですが、その金額はあらかじめ決まっていません。そう考えると、同じ会社でも株式と社債に投資するのでは、リスクが異なることが理解できるでしょう。

リスクについて、理解いただけたでしょうか。

なんだか、思っていたのと少し違いました。リスクって危ないことという認識でしたが、バラツキのことだったんですね。

その通り。ファイナンスではその感覚が大切です。では、次の項目から負債コストと株主資本コストの求め方について説明しましょう。

Chapter2 ≫ 投資の利回りとコスト ─────── 賢い選択のために

10 デットファイナンス
負債コストの推定方法

keyword デットファイナンス、負債コスト、信用リスク

❶ 負債コストは債権者が要求する収益率

　企業が銀行などの金融機関からお金を借りたり、社債を発行してお金を集めたりすることを「デットファイナンス」といいます。デット（Debt）とは有利子負債のことですが、企業が負担するこのコストのことを「負債コスト」といいます。

　この負債コストは、貸す側の人（債権者）の視点で見ると、お金を貸す見返りとして要求する収益率になります。つまり、「負債コスト＝債権者の要求収益率」であり、国債に求める収益率（リスクフリーレート）よりも高くなります。国債と比較すれば、社債の元本や利息の支払いは確実ではないからです。これを「信用リスク」といいます。そして、債権者が信用リスクをとることに対する報酬（上乗せ分）を「信用リスクプレミアム」や「信用スプレッド」といいます。

> **負債コスト**＝リスクフリーレート
> 　　　　　　＋信用リスクプレミアム（信用スプレッド）

　この負債コストは、企業がこれからお金を集めるときのコストです。しかし、実務では、過去に借りたお金のコストを負債コストとすることが一般的です。

具体的には、1年間の支払利息額を期首（1年の始まり）と期末（1年の終わり）の有利子負債の平均残高で割って計算します。ただし、この方法で求められた負債コストは、現在の企業の信用リスクが反映されていないことに注意が必要です。

負債コスト＝支払利息 / 有利子負債平均残高

　その他に、評価対象の企業と同じ信用格付けを持つ企業が発行する社債利回りを参考にして、負債コストを推定する方法もあります。

Chapter2 ≫ 投資の利回りとコスト ─────── 賢い選択のために

11 株主が要求する収益率
株主資本コストの求め方

keyword CAPM、β、マーケットリスクプレミアム、TOPIX

❶ 株主が要求する収益率

<u>株主資本コスト</u>とは、企業に投資する際に株主が要求する収益率のことです。企業にとってはコストですが、株主にとっては「この企業に投資するからには、これだけの収益率が欲しい」という期待です。

負債コストは支払利息の実績値を使って簡単に計算できますが、株主資本コストはそう簡単にはいきません。なぜなら、株主が求めているのは配当だけでなく、企業の成長による株価上昇益も含まれるからです。

株主資本コストの求め方はいくつかありますが、最もよく使われるのが「<u>CAPM：Capital Asset Pricing Model</u>」（キャップエム）です。CAPMはシンプルで使いやすい反面、多くの前提条件があり、実際の市場とは少しかけ離れた部分もあります（ちなみに、CAPMを考えたウィリアム・F・シャープは、この業績で1990年にノーベル経済学賞を受賞しています）。

では、株主資本コストを求める計算式を見てみましょう。

$$\text{株主資本コスト} = \text{リスクフリーレート} + \beta(\text{ベータ}) \times \text{マーケットリスクプレミアム}$$

負債コストと同様、リスクフリーレートにリスクプレミアムが上乗せされています。CAPMは、このリスクプレミアムを「*β（ベータ）*×マーケットリスクプレミアム」で計算します。β（ベータ）は、株式市場全体の変動に対して、その会社の株価がどれだけ動くかを表す数字です（後ほど詳しく説明します）。

ちょ、ちょっと待ってください。もうお腹がいっぱいです。

たしかに、この辺りは難しく感じるかもしれないですね。

感じるじゃなくて、実際に難しいです！

でも、ここまでで理解してほしいことは3つだけです。まず、企業にとっての資本コストは、債権者と株主から見れば、要求収益率になること。

それは期待収益率と同じですか？

要求収益率と期待収益率は同じと考えていいでしょう。2番目は、その要求収益率は、リスクフリーレートにリスクを取ることの報酬（リスクプレミアム）を加えたものです。

リスクをとるからには、それ相応の見返りが必要だってことですね。

そう。そして最後に、負債コスト（債権者の要求収益率）は過去の支払利息から推定できるけれど、株主資本コスト（株主の要求収益率）はCAPM（キャップエム）で推定するということです。

そのCAPMが難しいんです！

まあまあ。初めて学ぶときは、CAPMの公式を覚えるだけでいいと思いますよ。では、CAPMの計算式を構成する3つの要素（リスクフリーレート、マーケットリスクプレミアム、β）について説明しましょう。

❷ 実務で使うリスクフリーレート

　繰り返しになりますが、リスクフリーレートとは、国債などの安全な資産に投資する場合に、投資家が要求する収益率のことです。日本では、リスクフリーレートとして<mark>長期国債10年物の利回りを使うのが一般的</mark>です。これは、米国でもリスクフリーレートとして残存期間10年の国債利回りを使うのが一般的だからです。

　この背景には、10年物の国債は流動性が高く、利回りの信頼性が高いことがあります。また、企業が将来生み出すキャッシュフローの平均期間が10年に近いことも理由の1つです。

　私は、Pablo Fernandez教授らによるグローバルサーベイの結果を参考にしています。2024年では、リスクフリーレートの中央値が **0.8%**、平均値が **1.1%** となっています（図2-9）。

図2-9：日本企業のリスクフリーレートとマーケットリスクプレミアム

[Fernandez, Global Surveyの日本部分]	2022年	2023年	2024年
調査開始月	2022年5月	2023年3月	2024年2月
回答者数	27	38	39
リスクフリーレート（中央値）	0.4%	0.5%	0.8%
リスクフリーレート（平均）	0.5%	1.1%	1.1%
マーケットリスクプレミアム（中央値）	6.0%	6.0%	6.0%
マーケットリスクプレミアム（平均）	5.9%	6.1%	5.5%

出所：Pablo Fernandez, Diego García and Javier F. Acin IESE Business School「Survey: Market Risk Premium and Risk-Free Rate」

③ マーケットリスクプレミアムの理解

マーケットリスクプレミアムは、投資家が株式市場全体（TOPIX：東証株価指数）に投資する場合に、リスクを取ることの報酬としてリスクフリーレートに追加して要求する収益率のことです。たとえば、私たちがTOPIXに連動する投資信託に投資するとします。そのとき、私たちが求める収益率はリスクフリーレートより高くなりますよね。それは、株式市場全体（TOPIX）に投資することは、国債に投資するよりもリスクを取っているからです。そして、このリスクを取ることに対する報酬分を、マーケットリスクプレミアムといいます。

マーケットリスクプレミアムは、TOPIXの平均利回りと、長期国債（10年物）の平均利回りの差で求められます。日本ではTOPIXを使いますが、米国ではS&P500が使われます。

図2-9のアンケート結果をみると、マーケットリスクプレミアムの中央値が6.0%、平均値が5.5%となっていることがわかります。よって、私は2024年の調査結果からリスクフリーレートは1.0%、マーケットリスクプレミアムは6.0%を当面は使おうと思っています。

④ β（ベータ）とは

企業の株式は、株式市場全体（TOPIX）の動きに影響を受けます。多くの株式は、TOPIXが上昇すれば上昇し、下落すれば下落します。TOPIXの値動きに対する個別株式の相対的な値動きを表したものがβ（ベータ）です。たとえば、TOPIXと全く同じ値動きをする株式のβ（ベータ）は「1」になります。TOPIXが±10％変動する場合に、その株式が±20％変動するなら、その株式のβ（ベータ）は「2」になります。

β（ベータ）が大きいほど、その株式は株式市場全体に対してバラツキが大きい、つまり、リスクが高いことを意味します。したがって、β（ベータ）の大きい株式に対しては、株主の要求収益率も高くなります。

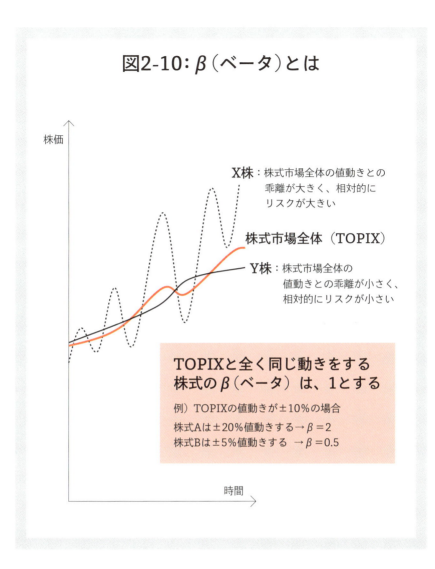

　β（ベータ）は過去のTOPIXと株価の推移から自分で推定できますが、「資本コスト」というサイトで無料で調べることもできます（https://costofcapital.jp/）。たとえば、トヨタ自動車のβ（過去5年間の月次リターン）をこのサイトで調べると、2024年6月23日時点では、1.15です。β＝1.15という数字は、TOPIXが±10％動くときに、トヨタ自動車の株価が±11.5％動く傾向あることを表しています。

Chapter2 ≫ 投資の利回りとコスト ──── 賢い選択のために

12 重みをつけた平均
WACCの計算方法

keyword WACC、加重平均、ウェイト

❶ 負債コストと株主資本コストを加重平均

　資本コスト（WACC）については、これまでも何度か触れてきました。WACCは負債コストと株主資本コストを加重平均して求めるため、加重平均資本コストともいわれます。この<u>「加重平均」とは、複数の要素にそれぞれ異なる重み（ウェイト）をつけて計算された平均のこと</u>です。ここではWACCの計算式について説明します。図2-11をご覧ください。

　WACCのウェイトは、デット（有利子負債）の時価（通常は簿価で代用）と株式時価総額の比率です。たとえば、デットのウェイトが40％で、株式時価総額のウェイトが60％とします。それぞれのウェイトに、負債コスト2％と株主資本コスト10％を掛けて、その値を足すことで6.8％と計算できます。

　なお、図中の「負債コスト」の前に「税引後」とありますが、これはデットの場合、支払利息が費用として計上できるため節税効果があるからです（デットの節税効果については後ほど説明します）。

　WACCの計算式は次の通りです。

$$\text{WACC} = 負債比率 \times 税引後負債コスト \\ + 株主資本比率 \times 株主資本コスト$$

図2-11:WACCの計算例

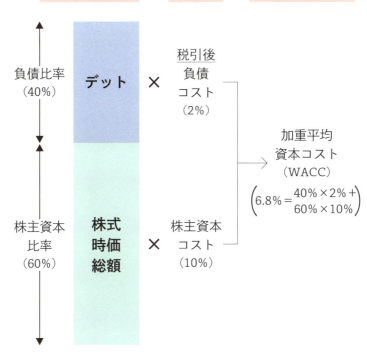

- ウェイトは、有利子負債額と株式時価総額(=株価 × 発行済株式数)の比率
- 負債コストは、節税効果を考慮して税引後で計算

Chapter2 ≫ 投資の利回りとコスト ───── 賢い選択のために

13 支払利息が費用になる
デットの節税効果

keyword デットの節税効果、税引後負債コスト

❶ デットのある・なし何が変わるのか

　前項で、デット（有利子負債）には節税効果があると説明しました。銀行から4％の金利でお金を借りても、==支払利息を費用として計上できる==ので、そのぶん法人税が安くなるのです。したがって、企業が実際に負担する金利は4％よりも低くなります。これが「==デットの節税効果==」です。具体的に見てみましょう。

　ここに、デット以外は全く同じ内容の会社、X社とY社があるとします。両社の営業利益はどちらも150万円です。X社はデットがない一方で、Y社は500万円を4％の利率で銀行から借りています。業績はデットの有無には影響を受けず、法人税率は30％とします。このとき、損益は図2-12のようになります。

　ここで、X社とY社の「当期純利益」を見てみましょう。Y社は支払利息で20万円の負担があるにもかかわらず、当期純利益は14万円しか減少していません。よく見ると、両社の法人税の支払額が違うのです。Y社は支払利息20万円によって、税引前営業利益が130万円に減少しています。その結果、法人税がX社よりも6万円低いのです。

　ここまでの話をまとめましょう。デットの金利が4％ですから、本来ならば、当期純利益は20万円少ないはずです。しかし、Y社はX社よりも税金が6万円少ないため、当期純利益は14万円しか減っていません。つ

まり、Y社が実際に負担している負債コストは4％ではなく、4％×（1－30％）で、2.8％になっています。このことは、デットの金額500万円に金利2.8％をかけてみると、利息額が14万円となることからも確認できます。

　これが「デットの節税効果」です。前項のWACCの計算のところで出てきた「税引後」負債コストの意味です。ちなみに株主資本コストには節税効果はありません。

税引後負債コスト＝負債コスト×（1－税率）

図2-12：デットの節税効果とは

万円

	X社 （デットなし）	Y社 （デット500）
営業利益	150	150
支払利息（4％）	0	△20
税引前営業利益	150	130
法人税（30％）	△45	△39
当期純利益	105	91

支払利息が20万円増加したにもかかわらず当期純利益は14万円しか減少していない

税引後負債コスト＝支払金利×（1－税率）
　　　　　　　　＝4％×（1－30％）＝2.8％

Chapter2 ≫ 投資の利回りとコスト ──── 賢い選択のために

経営者目線で考える
デットとエクイティどっちにする?

keyword　要求収益率、機会コスト

ここからは、ファイナンスの3つの意思決定のうちの1つ、資金調達について考えてみたいと思います。

会社が資金を集める方法には、借入や社債発行などのデットファイナンスと、株主から出資してもらうエクイティファイナンスがありましたよね。

そうですね。経営者になったつもりで考えてみてほしいんですが、資金調達にはコストが発生することは、わかりましたよね。

はい、負債コストと株主資本コストがあります。

じゃあ、どちらのコストが低いと思いますか?

……。

❶ 経営者目線で「コスト」を考える

債権者や株主としては、これらのコストのことを「<u>要求収益率</u>」と呼びます。そして資金提供者と経営者と、立場が違うと表現が替わります。債権者は利息の支払いを、株主は配当と企業の成長を期待しています。これらは資金提供の見返りです。では、この見返りがもらえるかど

うかのバラツキはどうでしょうか。また、見返りを受けられる順番はどうでしたか（→P63流しそうめんの図参照）。

　利息という名のそうめんは、企業としっかり契約を交わし、食べる量が決まっています。さらに、債権者は株主より先に食べることができます。企業は配当や成長を約束しません。つまり、配当と成長という名のそうめんは、最後に食べられるもので、バラツキが大きくハイリスクです。したがって、株主はハイリスク・ハイリターンの原則から、高いリターンを要求します。つまり、株主の要求収益率は債権者より高くなります。結果として、==負債コストのほうが株主資本コストよりも低い==ということになります。

デットの利息って、企業は実際に債権者に支払っていますよね。そして、株主には、配当を支払っていますよね？

そうですね。どちらも決算書に出てきます。

そこが疑問なんです。株主が企業に求めているのは、配当だけでなく、成長（株価の上昇）もありますよね？

その通りですね。

でも、決算書には出てこない株主の成長に対する期待や要求を「コスト」と呼ぶので、ちょっとわからないんです。

❷ 資本コストの「コスト」とは

　実は、資本コストの「コスト」は、デットの利息や配当など、企業が実際に現金で支払うコストのことを指しているわけではありません。==資本コストとは、資本の機会コストのこと==です。そしてこれは、企業にとっての機会コストではなく、資金提供者である債権者や株主にとって

の機会コストを指します（機会コストについてはP162で説明します）。

つまり、債権者や株主がある企業に融資や投資をするということは、「他の企業に投資して得られるはずのリターンをあきらめている」と考えられるというわけです。したがって、企業経営者は債権者や株主の機会コストよりも高いリターンを稼ぐことが、求められているのです。

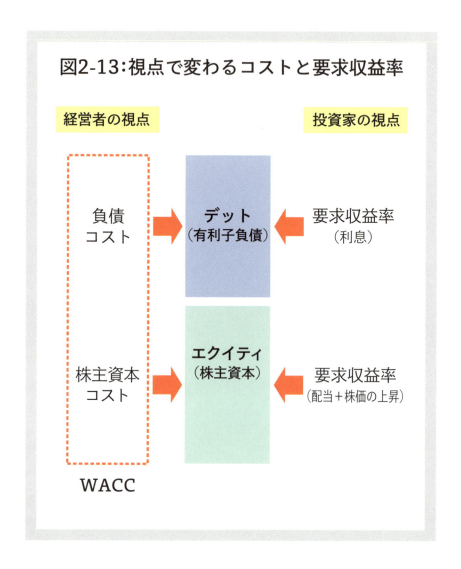

Chapter2 ≫ 投資の利回りとコスト ──── 賢い選択のために

15 WACCを下げるには
IRのミッションは何か？

keyword IR（Investor Relations）

❶ ミッションは WACC を下げること

「WACC（ワック）は高いのがいいのか、低いのがいいのか」。

こう聞かれれば、答えは「低いほうがいい」です。上場企業には、このWACCを下げることをミッションとしている部署があります。それが、IR（Investor Relations: アイアール）です。IRは「投資家向け広報」と訳されますが、本当は「投資家との関係を築く」ことが仕事です。そしてその目的はWACCを下げることにあります。

では、WACCを下げるにはどうしたらいいのでしょうか。そのためには、企業の業績がいい時も悪い時も、適切な情報を適切なタイミングで公開し続けることが大切です。誠実にコミュニケーションを取ることで、投資家が企業に対して感じるリスクを軽減することができます。そうなれば、投資家が求める収益率を下げることができ、結果的にWACCも下がります。

投資家の要求収益率が、すなわち企業にとってのWACCです。投資家が企業に対して感じるリスクを減らすこと＝WACCを下げることになると考えればよいでしょう。

Chapter2 ≫ 投資の利回りとコスト ─── 賢い選択のために

16 債権者と株主
異なる視点からの"よい会社"

keyword アップサイド、ダウンサイド

❶ 安定性重視か成長性重視か

　債権者と株主では、よい会社の定義が違う──。このことを、多くの人は知りません。債権者は、とにかく安定性を重視し、リスクを嫌います。債権者は、借金が少なくて倒産しにくい企業が好きなのです（当然ですよね）。そして、これまた当然ですが、確実に元本と利息を返済してほしいと考えます。企業がどれだけ成長しても、利息の金額は融資契約で決まっているので、安定した売上をあげることを求めるのです。

　ところが、株主は違います。思い出してください。配当や成長（株価の上昇）という名の「そうめん」を食べるのは、株主が最後ですよね。ということは、自分が食べるそうめんを増やすためにも、企業に売上を伸ばしてもらわないと困ります。つまり、株主は安定性よりも成長性を重視しているのです。

❷「レバレッジをかける」とは

　さらに、株主はデット（有利子負債）を活用したがります。これをファイナンスでは「レバレッジ（Leverage）をかける」などと言われます。要は、「借入をする」ことを意味し、銀行借入や社債などのデットを使うこと。つまり「テコの原理」を利用するというわけです。レバレッジをかければ、株主にとってリスクは高まるものの、高いリターン

が得られる可能性が出てきます（次の項目で詳しく説明します）。

　株主がリスクを好む理由は他にもあります。それは利益が出る可能性（アップサイド）と損失を被る可能性（ダウンサイド）のリスクが対称ではないことです。株主は、自分が出資した金額以上の損失を被ることはありません。責任は有限です。よって、株主はアップサイドを狙って経営者にリスクを取らせて、より大きなリターンを狙うことがあるのです。債権者とは真逆の発想だといってもいいでしょう。

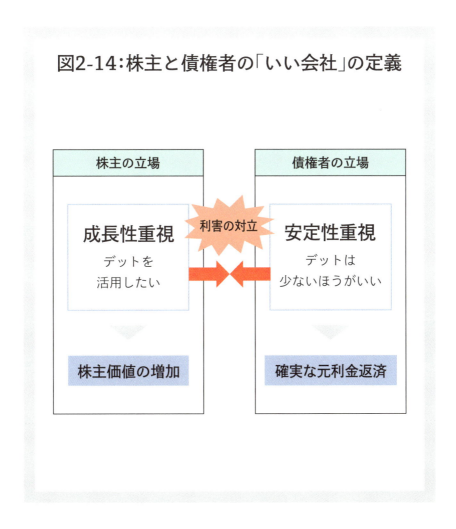

図2-14：株主と債権者の「いい会社」の定義

Chapter2 ≫ 投資の利回りとコスト ―――― 賢い選択のために

てこの原理を活用
レバレッジ効果とは

keyword レバレッジ、ROE（自己資本利益率）

❶ より大きなリターンを得る

　前項で、株主がレバレッジを活用するというお話をしました。レバレッジは、もともと「てこ」の意味です。では借入と「てこ」がどう関係するのでしょうか。

　「てこ」の力を使えば、それまで動かなかったものが動かせることがあります。これと同じように、株主資本（自己資本）だけでは動かなかったプロジェクトが、デット（有利子負債）を活用することで、より大きなリターンが得られることがあります。そういう意味で、「レバレッジを活用する」という言い方をするのです。そして、注意していただきたいのですが、==「てこ」を使っているのは「債権者」ではなく「株主」である==ということです。

　実は、これは、株主に限ったことではありません。私たちは普段の生活でも「レバレッジ」をかけています。そのいい例が、マイホームを購入する際の住宅ローンです。自己資金に対してレバレッジをかけることで、自己資金では買えないような大きな住宅を手に入れることができるわけです。

　このように、一見便利なレバレッジですが、注意も必要です。レバレッジの仕組みを具体的に見ていきましょう。図2-15をご覧ください。

図2-15：レバレッジ活用とリスクとリターンの関係

単位：万円

	財務戦略 A		財務戦略 B	
投資額	200		200	
内訳 株主資本	200		40	
デット(5%)	0		160	
	ベスト	ワースト	ベスト	ワースト
営業利益	20	4	20	4
支払利息	0	0	△8	△8
当期純利益*	20	4	12	△4
ROE	10%	2%	30%	△10%
$\left(\dfrac{\text{当期純利益}}{\text{株主資本}}\right)$	$\left(\dfrac{20}{200}\right)$	$\left(\dfrac{4}{200}\right)$	$\left(\dfrac{12}{40}\right)$	$\left(\dfrac{△4}{40}\right)$

＊税金は考慮しないものとする

❷「てこ」の原理でROEの変動性が高まる

　X社は近々、あるプロジェクトに200万円を投資しようと考えています。ベストシナリオでは、20万円の営業利益を稼げる一方で、ワーストシナリオでは、4万円のみになる見込みです（単純化のために税金は無視します）。もう一度、図を見てください。

　財務戦略Aは、借り入れをせず、全額を株主からの資金で調達します。この場合の **ROE（自己資本利益率）** は、ベストシナリオで10％、ワーストシナリオでは2％になります。ちなみにROEとは、当期純利益を株主資本（自己資本）で割ったものです。

　財務戦略Bは、160万円を5％の利率で借り入れ、株主からは40万円を調達します。つまり、デットの額は株主資本の4倍です。この場合のROEは、ベストシナリオで30％、ワーストシナリオではマイナス10％に

まで落ち込みます。

　両者を比較してみてください。ベストシナリオでは**財務戦略A**のROEは10%ですが、**財務戦略B**ではレバレッジの効果でROEは30%になります。しかし、ワーストシナリオでは、**財務戦略A**のROEが2%でかろうじてプラスを維持しているのに対し、**財務戦略B**ではデットの利息を負担しきれずに赤字となり、ROEはマイナス10%になります。

　この例でわかるように、==レバレッジはROEの変動を大きくする==効果があります。これが「てこ」の原理が効いているということです。また、レバレッジにはROEを高める働きと同時に、株主にとってのリスクも高める働きがあります。デットを活用することで、株主は「事業リスク」に加えて「財務リスク」を負担することになるからです。財務リスクとは、事業そのものではなく、デットがもたらすリスクです。

いかがでしたか？　ここで一旦、レバレッジの特徴をまとめてみましょう。

レバレッジによって、ROEを増加させることができます。

そうですね。レバレッジのメリットと言えますね。

でも、一方で、レバレッジによってROEのバラツキ（リスク）も増加しますよね？

その通り。それがレバレッジのデメリットともいえます。ROEの変動が大きくなる。これは、株主が事業リスクに加えて、財務リスクも負担することを意味しています。

なるほど。株主にとっては、リターンが大きくなる可能性もあるけど、リスクも大きくなるんですね。

Chapter2 ≫ 投資の利回りとコスト ─── 賢い選択のために

18 資金調達の選択①
最適な調達方法とは

keyword D/Eレシオ、デフォルトコスト

話は変わりますが、債権者の視点から言えば、無借金会社はいい会社ということになりますよね。

そうですね。でも株主は企業にある程度、借金をしてほしいと考えていることを今まで説明してきました。

株主資本コストより負債コストのほうが低いわけですから、WACCを下げるために借金すべきですよね？

フフフ、ここは間違いやすいんだけど、実はレバレッジを活用しても、WACCは下がらないんです。

え？？？

❶ 資金調達におけるコストの考え方

1960年代初頭に、フランコ・モジリアーニとマートン・ミラーという2人の経済学者が、ある結論を出しました。

「税金や取引コストなどがない完全資本市場では、企業価値は（バランスシートの左側の）資産価値のみによって決まり、（右側の）資本構成は企業価値とは無関係である」

これは2人の名前の頭文字をとって、**MMの第一命題**と呼ばれています。さらに2人は、株主資本コストとD/Eレシオ（Debt Equity Ratio：デットとエクイティの割合＝負債資本倍率）の関係についても、「株主資本コストは、D/Eレシオの上昇にしたがって高くなる」ことを証明しました。これを**MMの第二命題**といいます。

　では、デットの割合が高くなる（D/Eレシオが高くなる）と、なぜ株主資本コストが上昇するのでしょうか？

　前項のレバレッジとリターンの関係を思い出してください。レバレッジを活用することで、ROEを高めることができましたが、同時にROEのバラツキ（リスク）も増加しました。これにより、株主は事業リスクに加えて、財務リスクも負担することになりました。株主にとってリスクが高まるため、株主はそのリスクに見合う収益率を要求するのです。つまり、D/Eレシオが大きくなると、コストの低いデットの割合が高くなりますが、それを打ち消すかのように株主資本コストが上昇するため、WACCは一定となるのです。

　ただし、先のMM命題は税金や取引コストなどがない「完全資本市場」に基づいています。当然、実際の世界では税金が存在するため、MM命題をそのまま適用するわけにはいかず、修正が必要になります。つまり、税金がある世界（現実世界）では、デットが増えると節税効果が発生し（デットの節税効果）、企業はWACCを下げることができるのです。その結果、企業価値を高めることができます。よって、節税効果のメリットを享受するためには、借金をするべきなのです。

❷ デフォルトコストの存在

　とはいえ、いくらでも借金をしていいわけではありません。借金が増えすぎると、返済できなくなるデフォルト（債務不履行）の可能性が高

まり、デフォルトコストが発生する恐れがあります。

このデフォルトコストには、直接費用と間接費用があります。直接費用は、破産手続きにかかる弁護士や会計士への報酬などですが、企業にとって重要なのは、間接費用のほうです。では、間接費用にはどのようなものがあるのでしょうか。

企業が倒産の危機に陥ると、経営者は債権者との関係維持にエネルギーを注ぐ必要があり、長期的な経営戦略に集中できなくなります。また、企業価値を高める投資機会があっても、新たな資金を調達することが難しくなります。これにより、投資機会を失うことになります。

さらに、企業の業績は従業員や取引先、顧客など、株主や債権者以外の人々にも影響を与えます。企業の業績が悪化すると、これらのステークホルダーにも悪影響を及ぼします。

こうした、デフォルトの可能性が高まったときに生じる直接費用と間接費用を合わせたものが、デフォルトコストです。

❸ 追加的節税効果とデフォルトがバランス

次ページの図2-16をご覧ください。縦軸はWACCを表し、横軸はデットとエクイティの割合（D/Eレシオ）です。右側に行けば行くほど、デットの割合が増加します。グラフにある通り、はじめはたしかに、デットを増やせばWACCは下がっていきます。デットには節税効果があるからです。ところが、デットが増えすぎるとデフォルト（債務不履行）の可能性が高まり、デフォルトコストが大きくなります。

デットの活用のメリットは節税効果で、デメリットはデフォルトコストの発生です。D/Eレシオが低い段階では、デットがもたらす追加的な節税効果は、デフォルトコストを上回ります。この状況では、レバレッジを高めれば、WACCは下がります。そして、ある限度を超えて、レバレッジが高くなるとデフォルトの可能性が高まり、デフォルトコストが節税効果を上回るようになります。

よって、WACCが最低となる最適な資本構成（D/Eレシオ）は、追加的な節税効果とデフォルトコストがバランスするポイントであるといえます。

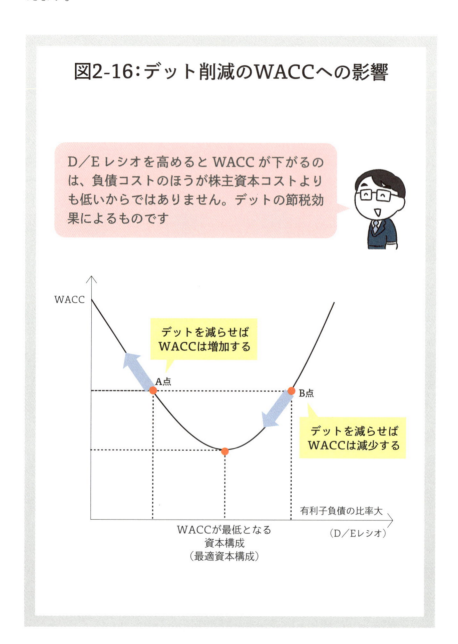

そうなると、自分の会社のWACCが最も低くなる資本構成がどれくらいか知りたくなりますね。

 そうですね。しかし残念ながら、ファイナンスの世界でも最適な資本構成の理論は確立されていません。デフォルトコストを正確に測ることが難しいことが、その理由のひとつです。

 え〜、そうなんですか……。

 ただし、企業としては、今の資本構成が最適な位置よりも左側にあるのか右側にあるのかを把握しておくことは重要です。たとえば、図2-16のA点にある企業がデットを減らせば、WACCは上がります。

 一方で、B点にいる企業なら、デットを減らせばWACCは下がるということですね。

Chapter2 ≫ 投資の利回りとコスト ──── 賢い選択のために

19 資金調達の選択② 最適な比率とは

keyword 格付機関、Me Too戦略、自己資本比率

❶ 格付機関のアドバイス、ベンチマークを参照

　では、実務において自分の会社の最適な資本構成（D/Eレシオ）をどうやって考えればいいのでしょうか。

　1つの方法は、社債の目標格付から逆算することです。スタンダード＆プアーズやムーディーズなどの格付機関の名前は、皆さんも聞いたことがあると思います。これらの格付機関は、企業が発行する社債に対して格付けを行います。つまり、企業がその社債を期日までにきちんと返済できるかどうかを評価しているわけです。

　格付の最高ランクはAAA（トリプルエー）で、ランクが高いほど社債の発行コストは低くなります（債権者の要求収益率が低くなるため）。私は以前、日産自動車の財務部にいましたが、当時の日産自動車のスタンダード＆プアーズの格付はBBB（トリプルビー）でした。CFOは目標格付をA（シングルエー）と定め、格付機関からアドバイスを受けていました。正確な答えは教えてくれませんが、手元現金やデットの水準についてのアドバイスはしてもらいました。

　そしてもう1つの方法は、Me Too戦略です。同業他社の資本構成を参考に、少なくとも同業他社の真似をしておけば、それが原因で負けることはないという考えです。

❷ 格付の勘違い

　先に、最適資本構成を考える方法の1つとして目標格付から逆算する方法を紹介しました。また、債権者と株主では「いい会社」の定義が違うことも説明しました。そして格付機関は社債に格付けするわけですから、債権者の視点で会社を分析します。格付けに影響を与える指標の1つが<mark>自己資本比率</mark>です。この比率が高いほど「いい会社」であると評価されます。

　これは格付機関だけでなく、銀行などでも同じです。自己資本比率が高いということは、デットが少ないことを意味します。しかし、これはデットによる節税効果のメリットを享受していないことを意味します。企業価値の観点から見れば、必ずしもいいことではないことは、前項でも説明した通りです。つまり、「格付が上がれば企業価値が上がり、株価も上がる」と考えるのは間違い、あるいは一面的な見方でしかないということです。

　格付こそが、企業の総合力を表すものだと考えている経営者やビジネスパーソンは大勢いますが、それは誤解です。<mark>格付はあくまでも債権者の立場からいい会社かどうかを評価しているもの</mark>にすぎないということを肝に銘じておきましょう。

Chapter 3

お金の時間価値
――将来と現在をつなぐ

Chapter3 ≫ お金の時間価値 ──── 将来と現在をつなぐ

1 お金と時間との関係
将来価値と現在価値

keyword お金の時間価値、利息、複利計算、FV、PV

大谷翔平選手が、10年間で総額7億ドルの契約をロサンゼルス・ドジャースと結んだことは知ってますよね？

はい、ニュースで見ました。でも、その契約に何か特別な点があるんですか？

なんと、年俸のほとんどが後払いなんです。今後10年間で受け取る年俸は200万ドルだけで、残りは2034年から2043年に毎年6800万ドルずつ支払われる予定になっているんです。

そんなに多くの金額が後払いになるなんて、珍しいですよね。

約97％の金額が後払いという条件は、これまでに例を見ないもので、大変驚かれています。さらに、大谷選手の後払い契約には利息がついていないんです。

それってどういう意味があるんですか？

この契約のすごさを理解するには、『お金の時間価値』を理解する必要があります。

❶ 受け取るタイミングで価値が変わる

今、目の前にある100万円と、500年後に受け取れる1億円、どちらを選びますか？と聞かれたらどうしますか。多くの人が「今すぐ100万円もらったほうがいい！」と思うはずです。500年後に1億円もらえるとしても、今を生きている私たちには1億円もの価値はないからです。

このように、==お金の価値は、受け取るタイミングが将来になればなるほど、小さくなります==。この考え方はファイナンスで最も大切です。ここからは、「お金の時間価値」について考えてみましょう。

❷ 将来に受け取るお金の価値を知るには

「お金の時間価値」とは、簡単にいえば、「==今日の100万円のほうが、明日の100万円よりも価値がある==」ということです。ちょっと考えてみましょう。たとえば、私たちが100万円の宝くじに当選したとします。そして、当選くじを窓口に持っていったら「現金化するのは3年後です」と言われたら、がっかりしますよね。お金の時間価値を考えると、3年後の100万円は今日の100万円よりも価値が低いことになります。

では、3年後に100万円に現金化できる当選くじの、現時点での価値はどれくらいでしょうか。この問題を解くカギは「==利息==」にあります。

❸ 利息が利息を生む複利計算

利息の計算方法に、==複利計算==があります。利息を毎年引き出さずに、そのまま元本と一緒に運用するというものです。いわゆる「==利息が利息を生む==」というものです。これが複利計算の最大の特徴です。

そして、今のお金を複利で運用した場合に、将来どれくらいの価値になるか、その金額のことを==将来価値（FV：Future Value）==といいます。

たとえば、今の100万円を金利10％で3年間運用した場合の将来価値

Chapter 3 お金の時間価値 ── 将来と現在をつなぐ

は、次のように求めることができます。

$$100万円 \times (1+10\%) \times (1+10\%) \times (1+10\%)$$
$$= 100万円 \times (1+10\%)^3 = 133万円$$

この式の中で（1＋10%）の「1」は元本を表しています。この「1」がないと利息額10万円だけが計算されることになります。3年間運用するわけですから、（1＋10%）を3回掛けています。同じものを複数回掛け合わせることを「**べき乗**」といいます。将来価値を求める計算式は、次のように表すことができます。

図3-1：将来価値の計算式

$$将来価値(FV) = CF \times (1+r)^n$$

CF：元本（キャッシュフロー）　r：利率　n：年数

❹ お金の現在価値とは

さて、それでは先ほどの「3年後に100万円もらえる宝くじ」の今の価値はいくらになるかを、求めてみましょう。

金利10%のとき、今の価値を **PV** と置くと、3年後の将来価値は$PV \times (1+10\%)^3$と表せます。これが100万円になるわけですから、$PV \times (1+$

10%)^3＝100(万円) となります。

　次に、この式の両辺を (1＋10%)^3 で割り算してみてください。こうして、PVについて求めると、$PV = \frac{100}{(1+10)^3} = 100 \times \frac{1}{(1+10)^3} = 75.13$(万円) となります。つまり、金利10％の場合、3年後の100万円の現時点での価値は、75.13万円になるわけです。

　この、将来に受け取るお金（3年後の100万円）の現時点での価値（75.13万円）のことを<mark>現在価値（PV：Present Value）</mark>といいます。現在価値を求める計算式は次の通りです。

図3-2：現在価値の計算式

$$現在価値（PV） = \frac{CF_n}{(1+r)^n}$$

CF_n：n時点の元本（キャッシュフロー）
　r：利率
　n：年数

　このように、お金には時間価値があります。そのため受け取るタイミングの異なるキャッシュを比較する場合は、タイミングを合わせる必要があるわけです。

　本書のはじめのほうで、ファイナンスと会計とでは「時間軸」が異なり、ファイナンスは未来の数字を扱うということをお話ししました。ここで紹介した将来価値と現在価値を求める計算は、将来と現在をつなぐことになります。今後もいろいろな場面で必要になってくるので、しっかり覚えておいてください。

Chapter3 ≫ お金の時間価値 ──── 将来と現在をつなぐ

2 スーパーの割引にあらず
割引率って何？

keyword DF（割引係数）、要求（期待）収益率

❶ 将来価値を現在価値に変換する方法

お金の現在価値は、n年後のCF_nに$\frac{1}{(1+r)^n}$を掛けると表現できます。この、現在価値を求めるときに掛ける値$\frac{1}{(1+r)^n}$を **割引係数（DF：Discount Factor）** といいます。

年利10%とすると、今日の75.13万円は、3年後には将来価値100万円になります。つまり、今日の75.13万円と3年後の100万円の価値は同じだということです。この、現在価値から将来価値を求めるときの利率10%を **要求（期待）収益率** といいます。

❷ 3年後の100万円の現在価値は？

そして、3年後の100万円を現在価値に変換することを **「割り引く」** と表現します。現在価値は、100万円に$\frac{1}{(1+10\%)^3}$を掛けることで75.13万円と計算することができました（→P110）。このときの10%を **「割引率」** といいます。そして、先の計算プロセスを **「3年後の100万円を割引率10%で現在の価値に割り引く」** というふうに表現します。

割引率は、将来価値を現在価値に変換するときに使う利率のことです。割引率といっても、いわゆるスーパーの割引とは計算方法が異なりますので、注意してください。

図3-3：現在の100万円と3年後の133.1万円の関係

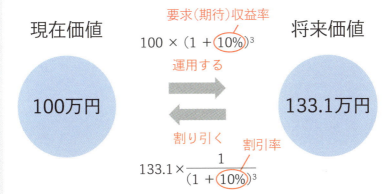

割引率と要求（期待）収益率は同じもの。投資対象に対するリスクの感じ方によって、変化させます

③ 割引率と要求収益率は表裏一体

　私が初めてファイナンスを学んだときにわからなかったのが、将来価値を現在価値に割り引くときに使う「割引率」でした。実は、**割引率と要求（期待）収益率は、表裏一体で同じもの**です。投資対象に対するリスクの感じ方によって、割引率と要求収益率を変えることになるのです。この点が、当時の私はよく理解できていなかったのかもしれません。次項から、具体的に考えてみましょう。

Chapter3 》 お金の時間価値 ──── 将来と現在をつなぐ

3 バランスの理解
リスクとリターン

keyword ハイリスク・ハイリターンの原則、将来価値、現在価値

先ほど、投資対象に対するリスクの感じ方によって、割引率と要求収益率を変えるっておっしゃってましたが、よくわかりません。

では、こう考えてみましょう。井上さんが親友から、「1年間100万円を貸してほしい」と頼まれたら、利息を何％取りますか？

親友ですから無利子で貸してもいいと思いましたが、ここは甘やかさずに5％にしたいと思います。

では、貸す相手が単なる知り合いだったらどうでしょう？

貸さない……と言ったら話が始まらないと思うので、ここは遠慮なく、10％くらいはもらいます。

そう、その感覚こそ、「ハイリスク・ハイリターンの原則」にのっとった行動なんです。

❶ ハイリスク・ハイリターンの原則

リスクとは、「想定される結果」のバラツキです。この場合は、**貸したお金が返ってくるかどうかのバラツキ**です。親友は信頼できるためリスクが低く、単なる知り合いは、相手のことをよく知らないのでリスクが

図3-4:ハイリスク・ハイリターンの原則とは

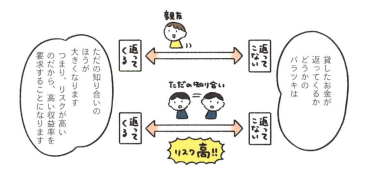

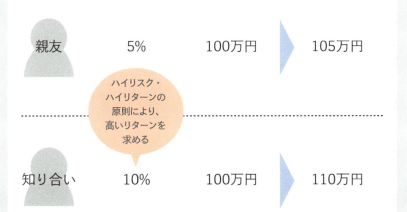

貸出対象	要求する収益率	現在の価値	1年後の返済額
親友	5%	100万円	105万円
知り合い	10%	100万円	110万円

ハイリスク・ハイリターンの原則により、高いリターンを求める

投資家(資金の出し手)は、リスクに応じた収益率を要求します

高くなります。よって、「ハイリスク・ハイリターンの原則」から、高いリターンを求めるわけです。井上さんが求める利率で貸した場合、親友の1年後の返済額は105万円、知り合いの場合は110万円になります。

両者ともにその現在価値は100万円ですから、割引率は、それぞれ5％と10％になります。

❷ 同じ100万円の価値が違うとは？

では、今度は親友と単なる知り合いに、1年後に元金と利息の合計で100万円を返してもらうとしましょう。その場合、今いくら貸せるのでしょうか。

親友に貸す場合、1年後の元利金100万円を割引率5％で割り引くと、現在価値は95万円になります。今、95万円を貸して、5％の利息をつけて、1年後に100万円返してもらうということですね。

一方、単なる知り合いに貸す場合、割引率が10％なので現在価値は91万円になります。つまり、貸せる金額が親友よりも小さくなるわけです。これは、単なる知り合いの場合は、返ってくる、返ってこないのバラツキが親友よりも大きいので、貸せる金額が少ないことを意味します。

この**将来価値、現在価値、要求収益率、そして割引率は、ファイナンスで最も重要な概念**です。いや、むしろこれが理解できなければ、ファイナンスは先に進まないともいえるものです。もう一度、4つの関係を復習しておきましょう。

> **現在価値に（1＋要求収益率）を掛けると、将来価値になります。**
> **将来価値に1／（1＋割引率）を掛けると、現在価値が求められます。**

もちろん、ここでは要求収益率＝割引率です。5年先のお金を現在価値に割り引く場合、（1＋割引率）が（1＋割引率)^{5}に変わることに注意してください。

図3-5:親友と知り合いに貸せる金額とは

貸出対象	要求する収益率	現在の価値	1年後の返済額
親友	5%	95万円 $=100\times\dfrac{1}{(1+5\%)}$	100万円
知り合い	10%	91万円 $=100\times\dfrac{1}{(1+10\%)}$	100万円

返ってくる・こないのバラツキが大きいので、貸せる金額は少なくなる

同じ1年後の100万円でも価値が異なります

ただの知り合いに貸した1年後の100万円のほうがリスクが高いぶん価値が低くなるんですね

Chapter 3 お金の時間価値――将来と現在をつなぐ

大谷選手の年棒も、現在価値にしたらまた違ったものになりそうですね。

そうなんです。詳細は私のブログ記事「大谷翔平、ドジャースに268億円寄付か」を読んでください（https://x.gd/2vu3i）。

Chapter3 ≫ お金の時間価値 ──── 将来と現在をつなぐ

4 ファイナンスの価値
投資するか否かの決定

keyword ESG投資、CSR、キャッシュフロー、割引率

① 投資の意思決定プロセス

　企業価値の向上は、投資なくしてはあり得ません。たとえば、100円を出資して、その100円を事業で回して150円が手元に戻ってきたとしましょう。この50円分が、創造した価値ということになります。そう考えると、企業価値を増やすには、まずはお金を何かに投資をしないことには始まらないということがわかります。

　ここでは、ファイナンスの重要な役割の1つである「投資すべきか否かの意思決定」についてお話します。投資の意思決定のプロセスは次のようになります。まず①将来のキャッシュフローの予測をします。次に②投資判断指標の計算をして、③計算結果と採択基準の比較を行い、投資を実行するか、見送りかを決めます（図3-6）。

　しかし、これはあくまでも数値化可能な、つまり定量的な判断になります。しかし、ものごとには数字に表せない定性的なものもあり、経営者は両方の側面から総合的に判断する必要があります。

② ESGの目的は

　定性的なものといえば、たとえば、世界的な流れとして無視できない投資に、ESG投資があります。これは環境問題などに配慮した事業を行っている企業に投資しよう、というもので、ESGはEnvironment＝環境、Social＝社会、Governance＝ガバナンスの頭文字です。ノルウェー

の政府年金基金など、公的な年金を運用している投資家は、ESGを重視し、実践している企業に投資をしています。

2019年はESG投資が普及した年だといわれていますが、だからこそ、私たちは立ち止まって考えてみる必要があります。そもそも、企業が「環境、社会、企業統治（ESG）」に配慮するのは当たり前です。最近はそれができないからこそESGが大切なのだ、という意見もわかりますが、ESGをことさら声高に叫ぶのは、ESGが商売の道具、「商品」そのものになりつつあるからだという気がします。

かつて一世を風靡した**CSR（Corporate Social Responsibility：企業の社会的責任）**の時と同じです。当時、多くの企業が行ったのは、企業理念とは直接関係のない植林活動や寄付活動でした。そして、コンサルティング会社に多額のフィーを払って、誰が読むかわからない立派なCSR報告書を作ったのです。

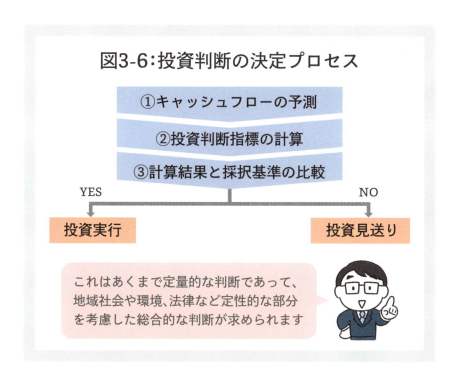

ESGを、企業理念や企業戦略と切り離して論じてもらっては困ります。なぜなら、==ESGの目的は中長期的な企業価値の向上==だからです。本業を通じて環境や社会によい影響を与え、ガバナンスがしっかりしている企業、こうした企業こそが中長期的に成長し、結果的に企業価値を高めるのだという信念が底流にあることを忘れていけません。

　少し熱く語ってしまいました。いずれにしても、日本企業も原点に戻るべき時がきたと言えるかもしれません。投資判断においては、==無形の目に見えないものと、有形の目に見える数字の世界、両方のバランスを取りながら意思決定をすることが大事になっている==と言えます。

❸ お金持ちになる秘訣

 昔、私の知り合いの経営者から、お金持ちになる秘訣を教えてもらったことがあります。

 え、私もぜひ知りたいです！

 その秘訣は「価値＞価格」だということです。

 どういう意味ですか？

 価格は「差し出すもの」で、価値はその代わりに「手に入れるもの」。差し出すものと手に入れるものを比べて、手に入れるもののほうが大きくないと経済的に豊かになれないと言われたんです。

 それは確かにそうかもしれませんが、実践するのは難しそうですね。

私も同じことを言いました。でも彼は、「みんなすでにやっている」と言ったんです。

まったく自覚はありませんが、どういうことですか？

たとえば、スーパーで1本100円のニンジンが売られているとします。井上さんだったらどうしますか？ 目についたニンジンを手に取って、また違うニンジンを手に取ってどちらが大きいか、あるいはどちらが新鮮か、2本を比べるでしょう。これは「そのニンジンの価値＞100円という価格」であるかどうかを見極めているということなんです。

価値と価格を比較することが、お金持ちになる秘訣なんですね。

❹ 企業買収で買っているもの

　M&A、企業買収という言葉は、よく耳にすると思います。でも企業を買うといっても、一体何を買っているのでしょうか。ある人は「時間を買っている」と言うかもしれません。あるいは「自社にない経営資源を買っている」という人もいるでしょう。

　ファイナンスではこう表現します。「企業買収とは、買収対象企業が将来生み出すキャッシュフローを購入している」。

　では、そのキャッシュフローの価値が3000万円しかないにもかかわらず、5000万円を支払いますか？ 設備投資も同じで、その設備が将来生み出すキャッシュフローを購入しているのです。その価値がわからなければ、いくら支払っていいかわかりません。いい買い物をするためには、価値がいくらなのか知る必要があります。実は、ファイナンスとは「価値算定の道具」でもあるのです。

　価格とひとことで言っても1000円だから安い、1万円だから高い、と

Chapter 3　お金の時間価値──将来と現在をつなぐ

いうことではありません。自分が考える価値と比べて「高いか安いか」なのです。自分が考える価値よりも価格が高ければ、手を出さない、価値よりも低ければ、お買い得です。そして、「価値は自分が決めるもので、価格は他人が決めるもの」なのです。

❺ 価値を決める2つの要素

では、価値はどのように決めるのでしょうか。ファイナンスの価値は、キャッシュフロー、そして割引率のたった2つの要素で決まります。

事業が将来生み出すキャッシュフローは、私たちが予測する必要があります。では、割引率はどう決めるのかというと、ここで割引率は要求収益率でもあることを思い出してください。つまり、割引率は、投資家（債権者と株主）の要求収益率であるWACC（資本コスト）を基準に考えることになるのです。

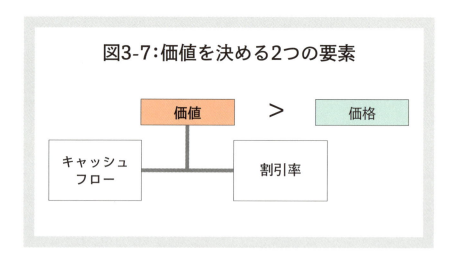

図3-7：価値を決める2つの要素

Chapter3 ≫ お金の時間価値 ──── 将来と現在をつなぐ

5 投資の「価値」を測る
NPVって何?

keyword NPV、キャッシュアウトフロー、キャッシュインフロー、DF

ではここから、投資する・しないを判断する方法について考えてみましょうか。

投資って聞くと、それだけで私にはハードルが高く感じてしまいます。

さっき、お金持ちになる秘訣について話しましたよね?

価値と価格を比較するってことですね。ニンジンのたとえはわかりやすかったです。

投資を判断するときも、実は考え方は全く同じなんですよ。

❶ NPVの本質の話

　企業が投資するかどうかを判断する指標に、==正味現在価値(NPV:Net Present Value)==があります。難しく考える必要はありません。NPVの本質は、価値と価格を比較することです(→P124図3-8)。

　初期投資額の棒は下向きに出ています。これは==キャッシュアウトフロー==、つまり「差し出すもの」です。1年後から5年後まで上に出ている棒は==キャッシュインフロー==といいます。「手に入れるもの」のことです。

　ただし、価値(手に入れるもの)といっても、お金の価値は受け取る

123

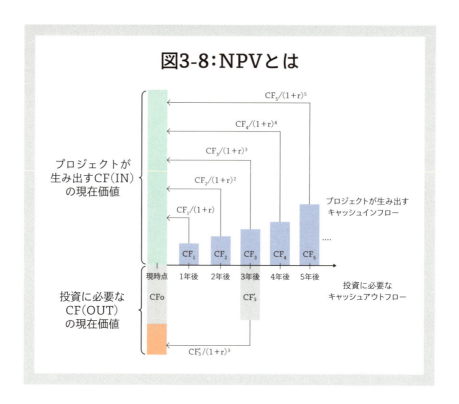

図3-8：NPVとは

タイミングで変わることを思い出してください。1年後の100万円と5年後の100万円では、価値が異なります。つまり、<mark>お金の価値を投資判断する現時点に合わせる</mark>必要があります。したがって、それぞれの年に生み出されるキャッシュインフローを、その年の分だけ割り引いて現在価値を求めることになります。

そして、その現在価値の合計が「手に入れるもの」です。そのうえで、差し出すもの（初期投資額）と手に入れるものを比べます。

一般的にNPVは次のように定義されます。

NPV＝将来発生するキャッシュインフローの現在価値の合計額－初期投資額

図3-8のように3年後に追加投資を計画している場合は、このキャッシュアウトフローも現在価値に割り引く必要があります。追加投資も考慮すれば、NPVは次のように定義されます。

NPV
＝プロジェクトが生み出すキャッシュインフローの現在価値
－投資に必要なキャッシュアウトフローの現在価値

仮にプロジェクトから生み出されるキャッシュインフローの現在価値の合計が300で、投資に必要なキャッシュアウトフローの現在価値の合計が100ならば、NPVは200（＝300－100）となります。==NPVがプラスなら、つまり価値のほうが大きければ投資をすべき、小さければ見送るべき==となります。

❷ 事例（プロジェクトのNPV）

ではここで、具体的な事例を挙げるので、自分がその担当者になったつもりで考えてみてください。

次ページの図3-9を見てください。0年度に1200を投資して、1年度目以降はキャッシュが入っていることがわかります（6行目）。ちなみにカッコ内の数字はキャッシュアウト、つまり企業の外にお金が出ていくことを意味します。

0年度がわかりにくいかもしれませんが、0年度は元旦（1月1日）と考えるといいでしょう。そして1年度は同じ年の大晦日（12月31日）と考えます。2年度以降も同様に、大晦日を指します。したがって、このようにエクセルでモデルを作った場合、1年度以降のキャッシュフローは大晦日、つまり年末に発生すると仮定していることになります。

図3-9:NPVによる投資判断

あなたは、企業の財務担当者です。そして下のようなキャッシュフローのプロジェクトが営業サイドから提案されてきました。このプロジェクトに投資すべきでしょうか?
ただし、割引率は10%とします

A	B	C	D	E	F	G	H	I	J
1									
2	NPVによる投資判断								
3	割引率	10.0%							
4									
5	年度		0	1	2	3	4	5	
6	キャッシュフロー(CF)		(1,200)	100	200	300	400	500	
7	DF(割引係数)		1.00	0.91	0.83	0.75	0.68	0.62	<--=1/(1+$C$3)^H5
8	現在価値		(1,200)	91	165	225	273	310	<--=+H6*H7
9	NPV		(135)	<--=SUM(C8:H8)					
10									

※Excel上の数字の色分けルール:青色(手入力データ)、黒色(計算式や数式)

割引係数(DF:Discount Factor) は、$\frac{1}{(1+割引率)^{年度}}$ です(7行目)。各キャッシュフローに割引係数を掛けることで、現在価値が計算できます(8行目)。0年度は現時点ですから、割引係数は1.00です。各キャッシュフローの現在価値を合計すれば、NPVが求められます(セルC9)。

図ではNPVは(135)と計算されていますから、マイナスです。これは、1200という価格(差し出すもの)に対して、このプロジェクトが生み出すキャッシュフローの価値(手に入れるもの)が1200に満たないということを意味します。この場合は、投資は見送りという結論になります。

実際に自分でExcelに計算式を入力すると、理解が進みますね。

そうなんです。実は私もExcelでファイナンスを理解していったんです。

Chapter3 》お金の時間価値 ──── 将来と現在をつなぐ

6 ハイリスク・ハイリターンの原則
割引率とNPVの大切な関係

keyword 割引率、NPV

❶ 割引率が高いと NPV はプラスになりにくい

　まずは次ページの図3-10をご覧ください。このグラフは、割引率を変化させたときにNPV（正味現在価値）の値がどう変化するかを示しています。割引率が高くなると、NPVがどんどん減少していくのがわかります。

　ここで理解してほしいのは、リスクが高いプロジェクトに対面したとき、どう考えたらいいかということです。大切なのは、==プロジェクトのリスクが高い→高いリターンを要求する、というハイリスク・ハイリターンの原則==です。かつての私のように、「プロジェクトのリスクが高いから割引率を高く設定する」と暗記しないでください。

　これからは、どの企業でも、事業ごとに割引率を設定するのが当たり前になるでしょう。新規事業の投資判断に使う割引率は、既存の事業で使うものと別にしなくてはいけません。なぜなら、事業リスクが異なるからです。

　もしあなたが事業責任者だとして、自分の担当している事業の割引率が高く設定されているとしたら、どうでしょう。それは要するに、本社があなたの担当事業を、リスクが高いと見ているということです。割引率が高いとプロジェクトが生み出すCFの現在価値の合計が減少することになり、NPVがプラスになりにくくなります。結果として、投資しに

くくなります。

　そんなときは、割引率が高く設定されている理由を本社としっかり議論することが大切です。そして、事業責任者として納得の上で割引率を使うためにも、割引率の考え方の背景に「ハイリスク・ハイリターンの原則」があることを理解してください。

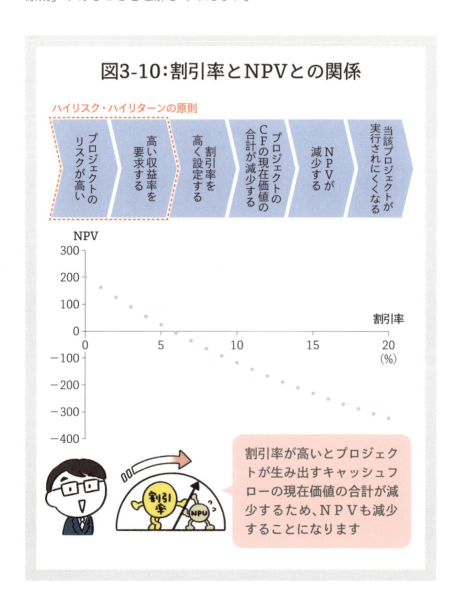

Chapter3 ≫ お金の時間価値 ──────── 将来と現在をつなぐ

7 投資の「収益率」を知る
IRRって何？

keyword　IRR（内部収益率）、NPV

❶ 預金の運用利率＝IRR？

NPV（正味現在価値）以外にも、プロジェクトの投資判断指標があります。ここではNPVと並んで代表的な投資の判断指標である内部収益率（IRR：Internal Rate of Return）について解説します。

IRR（内部収益率）は、簡単に言うとNPVがゼロになるような割引率、つまり、支払う価格と受け取る価値がちょうど同じになる割引率のことをいいます。そういわれてもあまりピンとこないかもしれませんね。

実は私も、初めてIRRを教わったときには同じように感じました。実際、IRRのこの定義を理解しても実務では使えないことが多いのです。むしろ、IRRを預金の運用利率と考えるとわかりやすくなります。

❷ IRRによる投資判断

たとえば、今ここに1000万円を投資して、3年間にわたって毎年500万円ずつキャッシュフローが得られるプロジェクトAがあるとします。このプロジェクトのIRRは、エクセルのIRR関数を使えば23.4％と簡単に計算できます（→次ページ図3-11参照）。

図3-11：プロジェクトAのIRRとNPV

△	A	B	C	D	E	F	G	H	I
1									
2		IRRとNPV							
3		割引率	23.4%						
4									
5		年度	0	1	2	3	IRR		
6		プロジェクトAのCF	(1,000)	500	500	500	23.4%	<--=IRR(C6:F6)	
7		DF(割引係数)	1.00	0.81	0.66	0.53	<--=1/(1+$C$3)^F5		
8		現在価値	(1,000)	405	328	266	<--=F6*F7		
9		NPV		(0)	<--=SUM(C8:F8)				
10									

※Excel上の数字の色分けルール：青色（手入力データ）、黒色（計算式や数式）

　念のため、NPVも計算してみましょう。割引率を23.4％に設定すると、NPVはゼロ（図のセルC9）になります。これは、IRRがNPVをゼロにする割引率であるからです。

　そして、ここからが本題です。実は、1000万円を年率23.4％の預金口座で運用し、元本の一部を引き出していくと、このプロジェクトと同じキャッシュフローを得ることができます。図3-12をご覧ください。

　たとえば、2024年1月1日に銀行に1000万円を預け入れたとします。年末までに234万円の利息がつき、大晦日に500万円を引き出します（口座から出るためマイナスとなります）。これは、プロジェクトで500万円のキャッシュフローを受け取るのと同じです。残高734万円は翌日の2025年1月1日に引き継がれます。次の大晦日には、734万円に対して172万円の利息がつきます。

　このようにして、3年間で500万円ずつを受け取ると、口座残高はゼロになります。これはプロジェクトAと同じキャッシュフローパターンであることに気づくでしょう。つまり、==IRRが23.4％のプロジェクトは、==

図3-12：IRRと預金口座の関係

利率＝23.4％の預金口座

年度	①預金残高 （1月1日）	②利息 （①×23.4％）	③引出し額	預金残高 （12月31日） （①+②+③）
2024年	1000	234	△500	734
2025年	734	172	△500	405
2026年	405	95	△500	0

<mark>年率23.4％の預金で運用しながら、元本の一部を引き出していくことと同じ</mark>だということです。

❸ IRRと比較すべきもの

次に考えるべきは、最初に口座に入金した1000万円を何％で調達してきたかです。たとえば、消費者金融から利率30％で調達してきて、23.4％の預金口座に預ける人はさすがにいないでしょう。だからこそ、このIRRは企業の資金調達コストであるWACCと比較する必要があるのです。

IRRの投資基準は次のように説明されます。

> **内部収益率＞割引率→企業はそのプロジェクトに投資すべき**
> **内部収益率≦割引率→企業はそのプロジェクトを見送るべき**

この場合の割引率はWACCを使います。WACCは投資家の要求収益率です。ここでも割引率と要求収益率は表裏一体、同じものという関係になっています（→P113参照）。つまり、次のような関係にあります。

> 割引率＝投資家の要求収益率＝WACC（企業の資金調達コスト）

　このように、**IRRを使ってプロジェクトの投資判断を行う場合、企業の資金調達コストであるWACCと比較する必要があります**。ところが実際には、WACCの計算をせずにIRRを計算するだけで満足してしまっている企業も多いのです。

❹ IRRによる意思決定プロセス

　ではここで、IRRによる投資の意思決定のプロセスをおさらいしてみましょう。

1. プロジェクトが生み出すキャッシュフローを予測する
2. キャッシュフローのIRRを計算する（ExcelのIRR関数を利用）
3. IRR＞割引率（WACC）ならば投資実行
   IRR≦割引率（WACC）ならば投資見送り

となります。

　まず、キャッシュフローを予測するのはNPVの場合と同じです。そしてキャッシュフローからIRRを計算して、IRRと割引率（WACC）とを比較して大きければ投資実行、小さければ投資を見送ることになります。

❺ NPVとIRRの関係

　ここまで読んできて、IRR（内部収益率）については、理解できたのではないでしょうか。しかし、「NPVとは何が違うんだろう？」と思うかもしれません。結論から言うと、**IRRとNPVは本質的に同じことを示しています**。

図3-13を見てください。グラフの曲線と横軸（NPV＝0の線）とが交わる割引率がIRRです。もし、図のケース①のように==割引率がIRRより低い場合は、NPVはプラス==になります（NPVがプラスの領域）。反対に、図のケース②のように==割引率がIRRより大きければ、NPVはマイナス==になります（NPVがマイナスの領域）。

　結局のところ、IRRと割引率を比較することは、そのプロジェクトのNPVがプラスになるか、マイナスになるかを判断していることになるのです。IRRを使ってもNPVを使っても、投資結果は同じになります。

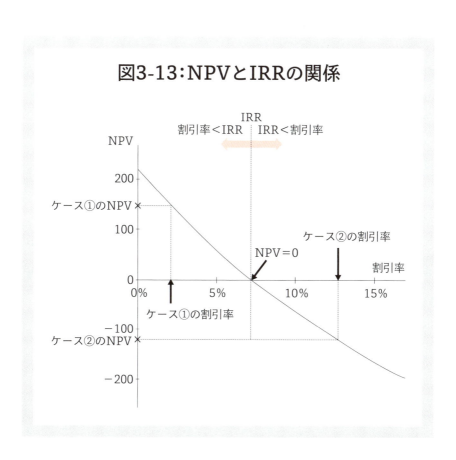

図3-13：NPVとIRRの関係

Chapter3 ≫ お金の時間価値 ────── 将来と現在をつなぐ

8 飛び越えるべき障壁
ハードルレートとは？

keyword　ハードルレート

ファイナンスの実務で知っておくべき重要な言葉に「ハードルレート」があります。

ハードル？　それって陸上競技のハードルみたいなものですか？

そうですね。陸上競技のハードルと同じように、経営者が設定する基準のことです。

つまり、飛び越えなくてはいけない基準ってことですね。

● 経営の意思が入ったハードルレート

「ハードルレート」は、投資を実行するのに最低限必要な収益率で、次のように定義されます（→図 3-14：上段）。

$$\text{ハードルレート} = \text{WACC（資本コスト）} + \alpha\text{（経営の意思）}$$

つまり、WACC に経営の意思として α（アルファ）を加えたものといえます。ある企業の例をご紹介しましょう。

この企業はデット（有利子負債）とエクイティ（株主資本）で資金を

調達し、それを投下資産で運用しています。このときのWACC（資本コスト）は6％でした。そして、投資判断の基準となるハードルレートは10％でした（→図3-14：下段）。ようするに、その企業の経営者は、==資金調達コストであるWACC6％に「経営の意思」として4％を加えて、10％のハードルを従業員に課した==ということです。そして、このハードルレートを、投資判断の割引率として使うわけです。

　6％で資金調達し、6％で運用しても何も生まれません。6％より少しでも高い収益率を目指す必要があります。WACCに＋α（アルファ）したものが投資判断のハードルレート（割引率）となるのです。

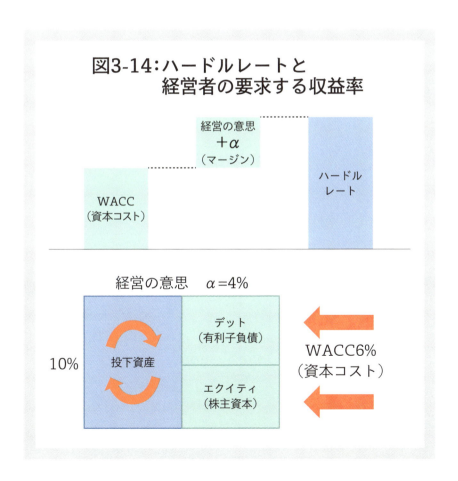

図3-14：ハードルレートと経営者の要求する収益率

Chapter3 お金の時間価値 ─── 将来と現在をつなぐ

9 「率」と「額」に注目
IRRの注意点

keyword IRR、収益率、企業価値

いきなりですが、井上さんなら次の選択肢AとBでは、どちらを選びますか？

A：私に今100円くれたら、講義終了時に150円にして返す。
B：私に今1000円くれたら、講義終了時に1100円にして返す。

うーん、Aのほうがリターンが高いからAを選びますね。

フッフッフ、そう言うと思いました。しかし残念ながら、それは間違いです。説明しましょう。

❶ 優先順位をつけるとき

　もし、あなたも選択肢Aを選んでいたとしたら、それは誤った選択です。検証してみましょう。
　選択肢Aは、収益率が50％（$=\frac{150-100}{100}$）、選択肢Bは収益率が10％（$=\frac{1100-1000}{1000}$）になります〔収益率（利回り）の計算は、P66で説明しています〕。収益率だけを見ると、たしかに高いのは選択肢Aです。でも、いくら間違えたあなたでも「50円もらえるのと100円もらえるのとでは、どちらを選ぶ」と聞かれたら、迷わず金額の大きい100円を選ぶでしょう。同様に、==企業価値という観点からすれば、受け取る金額が大きい選択肢Bを選ぶべき==なのです。

経営者の目指すべきゴールは何かといえば、それは企業価値を高めることです。「率」を高めるのではなく、企業価値の「額」を増やすことが大切です。言い換えれば、プロジェクトのIRRが単純に高くても、企業価値に与えるインパクトが小さくては意味がありません。ここは大切なのでよく覚えておいてください。IRRは投資の優先順位には使えないのです。

❷ IRRとリスクとの関係

　昔から、中小企業の経営者の間ではこんなことが言われているそうです。
　「経営は率より額が大切」。
　もちろん、率が大切ではないと言っているわけではありません。ただ、率だけを見て意思決定すると、間違えることがあるということです。率と額の両方を見ることが大切なのです。

IRRが高いからといって、それだけでいいとは言えないんですね。

その通り。そしてもう1つ注意すべき点は、IRRだけではリスクの違いが見えないことです。大切なのは、そのリターンがリスクに見合っているかどうか。さまざま事業をやっている企業の場合、経営者はそのことを忘れがちなんです。

たしかに、事業リスクが異なる既存事業と新規事業のIRRを単純に比較はできませんね。

そうです。IRRの数字そのものでは何も言えません。リスクに見合ったハードルレートと比較して、初めて投資判断が可能になります。

Chapter3 ≫ お金の時間価値 ──── 将来と現在をつなぐ

10 人気の投資判断指標 回収期間法の問題点

keyword 回収期間法、割引回収期間法、価値創造分岐点

 私の会社では、「何年で回収できるか」で投資を判断しているらしいんです。

 「回収期間法」ですね。わかりやすくて人気がある判断指標です。

 上司は「うちの会社はお金がないから、回収までそんなに何年も待てないんだ」って言ってました。

 そういう事情も理解できますが、短期的な視点だけだと、じり貧になってしまうかもしれませんね。長期的な視点で投資を考える必要があると思います。

❶ 回収期間法には4つの問題点がある

　NPVやIRR以外に、「回収期間法」という投資判断指標があります。これは、初期投資額を回収するまでの期間によって判断するものです。わかりやすいのですが、回収期間法には次の4つの問題点があります。

　1番目は「お金の時間価値を無視している」ことです。1年目と5年目のお金を全く同じに扱っています。2番目は「プロジェクト（事業）のリスクを考慮していない」ことです。NPVやIRRでは、プロジェクトのリスク（将来のキャッシュフローのバラツキ）を割引率（ハードルレート）に反映できました。回収期間法にはそれができません。そして3番目は「回収期間以降のキャッシュフローの価値を無視している」ことで

す。図3-15をご覧ください。この会社の投資基準となる回収期間は3年ですが、4年目以降にキャッシュフローが増えるようなプロジェクトの価値を見逃してしまう可能性があります。最後に4番目として、そもそも「回収期間の基準があいまいである」ことがあげられます。

このような問題点があるにもかかわらず、回収期間法は人気があり、特に多くの製造業ではいまだに使われている方法です。経営者にとって、ざっくり何年で投資を回収できるのかを知っておきたい、という気持ちは理解できます。ただ、あくまでも「プロジェクト選択上の1つの尺度」でしかありません。

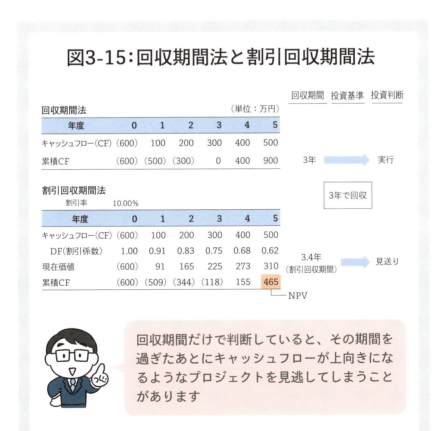

図3-15：回収期間法と割引回収期間法

回収期間だけで判断していると、その期間を過ぎたあとにキャッシュフローが上向きになるようなプロジェクトを見逃してしまうことがあります

❷ 割引回収期間法

　回収期間法は人気がありますが、どうせなら、キャッシュフローをリスクに見合った割引率で割り引いた上で回収期間を求める「**割引回収期間法**」を使ってほしいと思います。この方法であれば、お金の時間価値とプロジェクトのリスクを割引率に反映させることができます。これにより、回収期間法の4つの問題点のうち2つは解決できます。

　ただし、割引回収期間法でも「回収期間以降のキャッシュフローの価値を無視している」と「回収期間そのものの基準があいまいである」という2つの問題点は残ります。しかし、それでも活用法はあります。図3-15をもう一度ご覧ください。

　割引回収期間が3.4年という数字に注目してください。これは、「このプロジェクトが3.4年を境に価値を創造し始める」ということを意味します。言い換えれば、「**価値創造分岐点**」となる期間なのです。
　ただ、このケースでは、割引回収期間が3.4年で投資基準の3年を超えるため、「見送り」とするのはもったいないです。実際、5年目の累積キャッシュフローはNPVに相当し、この案件のNPVは465万円のプラスです。割引回収期間法による判断の誤りには、注意が必要です。

Chapter3 ≫ お金の時間価値 ──── 将来と現在をつなぐ

11 指標の使い方
具体例で見る指標活用術

keyword ハードルレート、カントリーリスク

❶ 事業ごとに細かく基準を設定

　大手総合商社などでは、事業ごとにハードルレートを設定します。その背景には、より高度なリスク管理と効率的な投資判断が求められていることがあります。

　従来は、一定の基準として設定した割引率に、プロジェクト実施国のカントリーリスク（政治的不安定、内戦、テロなどに起因するもの）を考慮したリスクプレミアムを上乗せして設定していましたが、現在の投資基準では、資源やインフラ分野など、事業ごとに細かく基準を設定しています。たとえば、資源分野の中でも「原油」「鉄鉱石」など==投資対象ごとにリスクを細かく分類し、リスクを的確に把握==しています。

　一方で、生活関連やインフラ事業など、安定的な収益を生み出す事業に対しては、リスクが低いと考え過度なリターンを求めず、そのリスクに見合った割引率を設定し、メリハリをつけた投資判断を行っています。

　このように、==投資基準を、国ごとに加えて、事業ごとに設定することで、注力すべき分野に対する投資がしやすくなります==。たとえば、インフラ分野に投資しやすくし、逆に資源関連で割高な投資を避けることができるなどです。これは、各事業のリスクとリターンのバランスを最適化するための方策です。こうしたアプローチにより、総合商社は持続可能な成長を実現し、企業価値を高めることができるのです。

❷ ハードルレートが1つしかない総合商社

　以前、ある総合商社で電力事業を担当する私の友人が、「投資案件がなかなか承認されない」と嘆いていました。その総合商社では、投資基準となるハードルレートが事業ごとに分かれていませんでした。事業リスクが異なる複数の事業に投資をしている企業のハードルレートが1つだと、どのような問題が起こるのでしょうか。

　図3-16を見てみましょう。横軸が事業リスクで、縦軸がプロジェクトのリターンです。リスクフリーレートから斜めに伸びた線は、「ハイリス

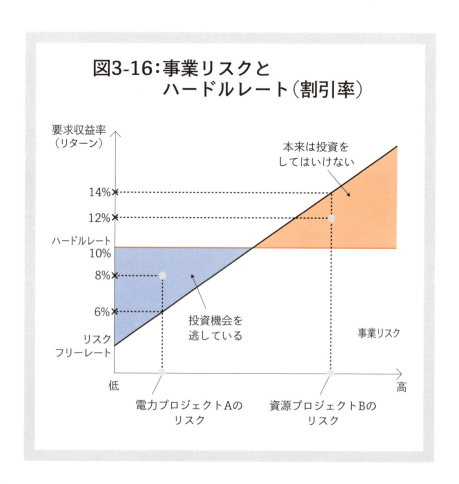

ク・ハイリターンの原則」を表したものです。

　たとえば、総合商社のハードルレートが10％だとしましょう。そして、電力発電所を建設し運営する事業（図の電力プロジェクトA）への投資を検討するとします。発電所が完成するまでの完工リスクについては、建設請負業者が負うことになります。運営開始後は、電力購入契約によって決められた価格で電力購入者に販売されます。つまり、将来のフリーキャッシュフローのバラツキは、イメージとは異なり小さく、事業リスクは低いと考えられます。

　そして、この電力プロジェクトAの期待されるIRRが8％だとします。斜めのラインよりも高い収益率が期待できれば、経済的に合理的な投資と言えます。電力プロジェクトAのリスクを考慮すれば、IRRが6％以上見込めればいいことになります。しかし、社内のハードルレートが10％なので、それに達しないプロジェクトはNGとなります。だからこそ、電力事業担当の友人が「投資案件がなかなか承認されない」と嘆いていたのです。

　図の中で■色の部分は、本来であれば投資すべきなのに、その機会を逃している領域です。

❸ 事業リスクが高い資源ビジネス

　では、原油や鉄鉱石などの資源ビジネスはどうでしょうか。これらのビジネスは資源価格の変動により、将来のフリーキャッシュフローが大きくばらつくことが特徴です。つまり、事業リスクが高いのです。

　たとえば、図の資源プロジェクトBの場合、総合商社としては本来、14％のIRRが見込めて初めて投資すべき案件といえます。ところが、期待収益率が12％であっても、社内のハードルレートが10％であるため、投資が承認されてしまうことになります。この■色の領域では、結果的に割高な投資になってしまう可能性があります。こういったことを避

けるためには、事業リスクに見合ったハードルレートを設定することが大切です。

こうすることで、各事業の特性に応じた適切な投資判断が可能となり、長期的な企業価値の向上につながるのです。

総合商社って事業ごとにハードルレートを設定しているんですね。うちの会社とは大違いです。

でも、総合商社ほど多様な事業を行っていない会社なら、まずは自社のWACCを算定し、それにプラスαを加えてハードルレートとするのが現実的だと思います。

それを聞いて安心しました。まずは、NPVかIRRを使って投資判断するのが重要なんですね。

その通り。ただし、新規事業をやる場合は既存事業のハードルレートを使ってはダメですよ。大事なのは、その事業リスクに見合ったハードルレートを設定することです。

Chapter3 》 お金の時間価値 ──── 将来と現在をつなぐ

12 NPV法を中心に
投資判断指標のまとめ

keyword NPV、IRR、回収期間法、ハードルレート

❶ もっとも使える指標は何か

さて、この章ではいろいろな投資判断の指標について学びましたね。ここで、それぞれを整理してみましょう。

はい、お願いします！

まずはNPV（正味現在価値）。これは、プロジェクトの価値と価格を比較して、価値が価格を上回る場合に投資をするという考え方です。具体的には、次の通りです。
NPV＞0であれば、投資実行
NPV≦0であれば、投資見送り
NPVは企業の価値を高めるために最も優れた指標と言えます。

なるほど。NPVがプラスなら投資をするんですね。

その通りです。次にIRR（内部収益率）について。これは投資の収益率を示す指標ですが、単独で判断するのではなく、ハードルレートと比較する必要があります。

陸上競技のハードルと同じでしたね。

145

ハードルレートは経営者が従業員の皆さんに飛び越えてほしい収益率で、WACC（資本コスト）＋αです。ハードルレートは、事業リスクに見合ったものにすべきです。投資判断基準は、以下の通りです。

IRR≧ハードルレートであれば、投資実行
IRR＜ハードルレートであれば、投資見送り

そういえば、NPVを計算する割引率はハードルレートでしょうか？

素晴らしい！　その通りです。私も言い忘れるところでした。同じハードルレートを使えば、NPVでも、IRRでも、投資判断の結果は同じになります。

それにIRRで覚えていることありますよ。「経営は率より額が大切」って。

そうです。IRRは率で示されるため、プロジェクトの規模を反映しません。そのため、プロジェクトの優先順位をつけるのには向いていません。

だからNPVのほうが、いいということでしょうか？

そうですね。そして、最後に企業に大人気の回収期間法です。これは投資額を回収するまでの期間を計算する方法です。ただし、これ単独で使うのではなく、あくまでNPV法の補助的な指標として使いましょう。

Chapter 4

フリーキャッシュフロー

——自由に使える「お金」

Chapter4 ≫ フリーキャッシュフロー ── 自由に使える「お金」

1 フリーキャッシュフローの新事実
○○から自由なお金だった！

keyword フリーキャッシュフロー、割引率

ファイナンスにおける価値は、2つの要素で決まるって言いましたよね。覚えていますか？

えっと…なんでしたっけ？

キャッシュフローと割引率です。正確に言うと、価値を高めるには、フリーキャッシュフローを増やし、割引率を下げる必要があります（図4-1）。ここではフリーキャッシュフローについて話しましょう。

「フリー」は自由って意味ですよね？ 企業が自由に使えるお金ってことですか？

企業ではなく、債権者と株主が自由に使えるお金です。そしてもう1つ、資金調達の影響から「フリー」であるという意味もあります。

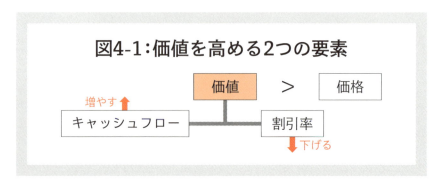

図4-1：価値を高める2つの要素

❶ フリーキャッシュフローの定義

フリーキャッシュフロー（FCF）の定義は、いくつかあります。たとえば、キャッシュフロー計算書の「営業活動に関するキャッシュフロー」と「投資活動に関するキャッシュフロー」を合計したものをフリーキャッシュフローとするものです。この定義は主に実績値を求めるときに用います。

しかし、企業価値評価や投資判断に使うフリーキャッシュフローは、実績値ではなく将来の予測値です。つまり、その企業やプロジェクトが将来生み出すお金ということになります。

では、フリーキャッシュフローとは何かというと、P62の流しそうめん理論を思い出してください。簡単に言えば、債権者と株主が食べるそうめん（＝自由に使えるお金）です。企業価値は債権者と株主にとっての価値であり、債権者と株主が食べるそうめんを増やすことが、企業価値を高めることにつながります。

そして、もう少し具体的に言えば、フリーキャッシュフローの中から債権者にデット（有利子負債）の元利金を支払った後に残ったキャッシュフローが、株主の「自由」に使えるキャッシュフローです。

仕入先、取引先、そして従業員、国・地方自治体が食べたあと、最後に残ったそうめんを債権者、株主が食べる

また、たとえ企業がすべてのフリーキャッシュフローを株主に還元しなくても、再投資のために手元に残したキャッシュも、本来は株主のものです。つまり、企業が持っているキャッシュも、実際には株主の自由に使えるお金なのです。経営者はよく自己資金といいますが、自分のお金ではなく、あくまでも株主のお金です。

　そして、前述のように、フリーキャッシュフローにはもう1つの意味があります。借入の有無など、**資金調達の影響から「フリー」**ということです。債権者に利息を支払う前のキャッシュフローなので、借入の有無にかかわらずフリーキャッシュフローは変わりません。言い換えれば、フリーキャッシュフローの中から債権者に利息を支払うので、資金調達の影響を受けないのです。一方で、資金調達の影響は、割引率（WACC）に反映されます。

❷ フリーキャッシュフローの算出方法

　では、フリーキャッシュフローについてあらためて詳しく見ていきましょう。フリーキャッシュフローは次の式で求められます。

> **フリーキャッシュフロー**
> ＝営業利益－みなし税金（営業利益×税率）
> 　＋減価償却費－設備投資－運転資本の増加額

　まず、「営業利益」から始める理由を説明します。営業利益とは、仕入先、従業員、取引先などがそうめんを食べたあとに残る利益です（図4-2）。次に、国や地方公共団体が税金という名のそうめんを食べるので、これをマイナスします。この税金は本来、将来企業が支払うキャッシュベースの税金ですが、予測が難しいため、実務では「みなし税金」を使います。

　この「税引後営業利益（営業利益－みなし税金）」は利益の数値であ

り、ファイナンスでいうキャッシュではありません。ここで、2つの調整が必要です。1つ目の調整は**減価償却費**と**設備投資**です。減価償却費とは、設備投資を行った際、その設備が使える期間（耐用年数）に割り振られる費用のことです。減価償却費については次項で詳しく説明します。

　減価償却費は、PL上費用として計上されますが、実際にキャッシュが出て行くわけではありません。営業利益を算出する際に減価償却費がマイナスされているので、この分を足し戻し、営業利益とキャッシュの違いをなくします。そして、設備投資は実際にキャッシュを支払ったタイミングでマイナスします。

　次に、「**運転資本の増加額**」の調整です。運転資本とは、企業が日常的に運営するために必要な資金です。この資金の増加はキャッシュフローに影響を与えるため、増加した分をマイナスします。運転資本についても154ページで詳しく説明します。

　これらの調整を行うことで、営業利益からキャッシュベースのフリーキャッシュフローを求めることができます。

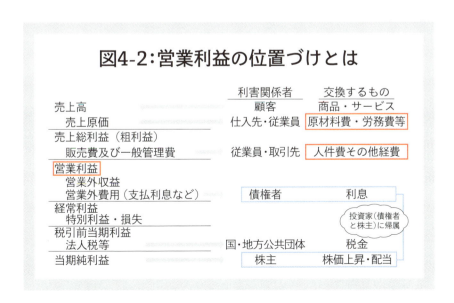

図4-2：営業利益の位置づけとは

Chapter4 ≫ フリーキャッシュフロー ── 自由に使える「お金」

2 株主にも経営者にもメリットあり
減価償却費の理由と意味

keyword 減価償却、平準化

1 機械設備は「使用期間」を考慮する

　ここでは、減価償却費について具体例を挙げながら見ていきます。
　ある企業が300万円で設備を購入するとしましょう。この設備の耐用年数は3年です。そして、この設備を3年間使用することで、毎年300万円の売上が見込めるとします。

　もしここで、減価償却という考え方がなかったらどうなるでしょう。初年度の売上300万円から設備投資費300万円を引くと利益はゼロになります。しかし、2年目と3年目は300万円の利益が得られます。この場合、利益と手元の現金がぴったり合っています。とてもシンプルですね。

　ところが、税務署はそう考えてくれません。「おたくでは3年間同じ設備を使って同じ事業をやっているのに、なぜ利益がこんなにブレるのですか？」と突っ込みを入れられます。税務署的には、「1年目から利益が出ないと税金が取れない」というわけです。

　そこで、**「機械設備は資産としてバランスシートに計上し、使用する期間にわたって減価償却費として計上する」** というルールが生まれました。企業は毎年100万円ずつ**減価償却費**として計上するようになったのです。これにより、毎年の営業利益は200万円となり、利益が平準化されます。税務署は1年目から税金を取れるようになります。

❷ 実は株主にも経営者にも都合がいい？

利益を平準化することで得をしたのは、なにも税務署だけではありません。実は株主も、1年目から配当をもらえる可能性が出てくるというメリットがあります。さらに経営者にとっても、売上高は3年間同じなのに、設備投資をした年は営業利益がゼロ、その後黒字になったという業績よりは、利害関係者に説明しやすくなります。

ただしその代わりに、この減価償却費というルールが導入されたことで、営業利益と手元の現金が一致しなくなります。そこで、営業利益からキャッシュフローに変換するための調整が必要になります。

具体的には、営業利益に減価償却費100万円を足し戻します。すると、減価償却というルールがなかった場合と同じになります。そして、初年度に設備投資額300万円をマイナスします。これで手元のお金と一致しますね。減価償却費は実際にはキャッシュとして出ていかない費用なので、キャッシュベースで考えるためには、このような調整が必要になるのです。

図4-3：減価償却費をプラスする

単位：万円

	X1期	X2期	X3期
減価償却費なし			
売上高	300	300	300
設備投資	▲300	0	0
営業利益（CF）	0	300	300
減価償却費あり			
売上高	300	300	300
減価償却費	▲100	▲100	▲100
営業利益	200	200	200
営業利益からCFを計算			
営業利益	200	200	200
減価償却費	100	100	100
設備投資額	▲300		
CF	0	300	300

Chapter4 ≫ フリーキャッシュフロー ─── 自由に使える「お金」

3 キャッシュのズレを調整
運転資本の計算と影響

keyword 運転資本、売上債権、支払債務、棚卸資産

バランスシートにある項目の、運転資本の売上債権や支払債務って何でしょう？

売上債権は、決算日時点で売上高に計上されているけど、まだ顧客から現金回収できていない債権のこと。いわゆる掛け売りというもので、居酒屋が常連客に「ツケ」で飲ませるのと同じです。

なるほど。では、支払債務は？

取引先から商品を仕入れたけれど、まだ支払っていない債務のこと。これは、居酒屋が酒屋にその都度現金で支払うのではなく、月末にまとめて払うのと同じです。

❶ キャッシュのズレを調整するもう1つの手法

　前項では、減価償却費と設備投資によるキャッシュのズレの調整について説明しましたが、ここではもう1つの調整について解説します。それが、「運転資本の増加額をマイナスすることで、営業利益をキャッシュに変換する」というものです。
　しかし、これは説明がちょっと長くなるので、とりあえず皆さんは、「運転資本の増加額をマイナスするのは、営業利益をキャッシュに調整するため」という結論だけ覚えておいてください。
　では、運転資本について、順を追って説明しましょう。

❷ 企業が事業を続けるために必要な資本

企業活動は、たとえば製造業の場合、仕入れた原材料を加工して製品を生産、販売し、キャッシュを手に入れるまでのプロセスを回していくことです。こうした活動に必要な資本を、運転資本といいます。

自動車を例に説明しましょう。まず、自動車を作るためには鉄などの原材料を仕入れます。仕入れてから仕入先に代金を支払うまでの間、代金は「支払債務」としてバランスシートの右側に計上されます。一方で、原材料、仕掛品（半製品）、完成した自動車は販売されるまで「在庫（棚卸資産）」としてバランスシートの左側に計上されます。

そして、販売店に並んでいる自動車が売れました。お客様と契約書を取り交わし、無事に納車も済みました。これで、自動車を1台売り上げたことになります。ただし、すぐにお金が入ってくるわけではありません。お客様から代金をいただくまでは「売上債権」として計上されます。

この運転資本は、次のように定義できます。

運転資本＝売上債権＋在庫－支払債務

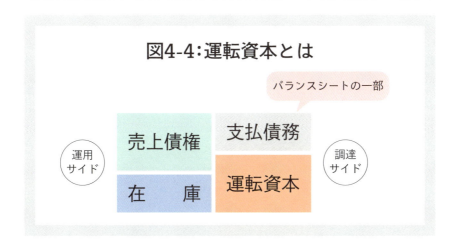

図4-4：運転資本とは

そして、特定期間に増加した運転資本を、フリーキャッシュフローの算出の際にマイナスする必要があるのです。運転資本の増加額を次のように分解してみましょう。すると、売上債権増加額に在庫増加額を加えたものから、支払債務の増加額をマイナスしたものであることがわかります（式①）。つまり、運転資本の増加をマイナスするということは、売上債権と在庫の増加額をマイナスし、支払債務の増加額をプラスすることと同じことだとわかります。

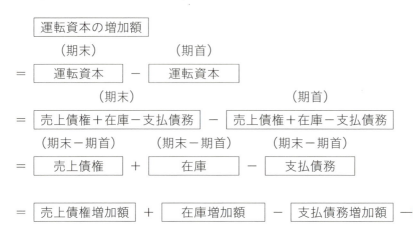

実は同じ調整をキャッシュフロー計算書でもやっています。減価償却費を足し戻し、売上債権、棚卸資産、支払債務の増減を調整しているのです。

図4-5：運転資本の増減調整

I. 営業活動によるキャッシュフロー	
1. 税引前当期利益	361
2. 減価償却費	232
3. 投資有価証券売却損益（△は益）	△11
4. 固定資産売却損益（△は益）	0
5. 売上債権の増減額（△は増加）	△65
6. 棚卸資産の増減額（△は増加）	△50
7. 支払債務の増減額（△は減少）	23
8. その他の資産、負債の増減額	138
9. 法人税等の支払額	△231
営業活動によるキャッシュフロー	397

❸ 運転資本の増減の調整効果

営業利益をキャッシュフローに変えるためには、運転資本の増加額をマイナスする必要があると言いました。ここでは具体的な例を使って、この調整がうまくいっているかを確認しましょう。図4-6をご覧ください。

図4-6：運転資本の増減調整効果

	取引内容	仕入 X社から100万円の商品を掛けで仕入れる	買掛金支払 X社に対して商品代金100万円を支払う	販売 この商品をY社に対して200万円掛けで販売する	売掛金回収 Y社から回収条件に従い売掛金を回収する
PL	売上高	0	0	200	0
	費用	0	0	△100	0
	①営業利益	0	0	100	0
CS	収入	0	0	0	200
	支出	0	△100	0	0
	CF（収支）	0	△100	0	200
BS	売上債権	0	0	200	0
	在庫	100	100	0	0
	支払債務（△）	100	0	0	0
	運転資本	0	100	200	0
	②運転資本増加額	−	100	100	△200
	CF（収支）①−②	−	△100	0	200

商品を仕入れてから、買掛金支払い、商品販売、売掛金回収までのビジネスプロセスごとに、損益計算書（PL）、キャッシュフロー計算書（CS）、そしてバランスシート（BS：売上債権、在庫、支払債務のみ）の数値がどのように変化するかを、順を追って見ていきます。

1. 商品仕入

　X社から100万円で商品を掛けで仕入れました。この時点では損益計算書とキャッシュフロー計算書には動きはありませんが、バランスシートには在庫100万円と支払債務100万円が計上されます。

2. 買掛金支払

　X社への買掛金の支払日が来ました。商品代金100万円を支払います。損益計算書には変化はありませんが、キャッシュフロー計算書には100万円のキャッシュアウトが記載され、バランスシートでは支払債務がなくなります。

3. 商品販売

　この商品をY社に200万円で販売しました。この時点で、損益計算書には売上高200万円、費用100万円、営業利益100万円が計上されますが、掛けで販売しているためキャッシュフロー計算書には動きはありません。バランスシートの在庫100万円がなくなり、売上債権200万円が計上されます。

4. 売掛金回収

　Y社から売掛金200万円を回収しました。この時点で、損益計算書には変化はありませんが、キャッシュフロー計算書には200万円の収入が記載され、バランスシートの売上債権はなくなります。

　これらのプロセスで、損益計算書の営業利益とキャッシュフロー計算書のCF（収支）を比較します。商品仕入のプロセスを除き、他の3つの

プロセスでは営業利益と収支が一致していません。このズレを調整するためには、営業利益から運転資本の増加額をマイナスする必要があります。

　それぞれのプロセスの①営業利益から②運転資本増加額を差し引く（①−②）ことで、キャッシュフロー計算書のCF（収支）と一致します。この方法で、営業利益とキャッシュフローのズレがなくなることが確認できました。

Chapter 4 フリーキャッシュフロー──自由に使える「お金」

Chapter4 ≫ フリーキャッシュフロー ──── 自由に使える「お金」

4 投資の撤退判断のキモ
サンクコストと機会コスト

keyword サンクコスト、機会コスト

スポーツクラブの会員になったって言ってましたけど、最近はあまり通っていないみたいですね。体調でも崩したんですか？

それが、仕事が忙しくてなかなか行けていないんです。本当は辞めたいんですが。

それは残念ですね。それでもまだ会員は続けるんですか？

もう年会費を払っちゃったので、それがもったいなくて。無理やり時間をやりくりして行っている感じです。

そうなんですか。でも、その考え方はちょっと変えたほうがいいかもしれませんよ。

だって、もう年会費は払ってしまったんですよ。

じゃあ、ここでサンクコストについて説明してみましょうか。

❶ サンクコストは回収できない費用

まずは、次の問題を考えてみましょう。
あなたは、ある製薬会社の経営企画担当役員です。副社長主導で新薬

の研究開発プロジェクトに500億円を投資してきましたが、他社に先を越されてしまいました。副社長は、あと100億円の投資で同じ効果が出る薬を開発できると言っています。それを聞いた社長は次のように言いました。

「そうだな、すでに500億円投資した以上、いまさら開発中止はないだろう」。

では、社長に意見を求められたあなたは、どのように答えますか？
実際に500億円も投資しているわけですから、「社長のおっしゃる通りです」というべきでしょうか。

いえいえ、ここであなたは踏ん張って、次のように答えるべきです。

「社長、すでに投資した500億円は関係ありません。大事なのは今から未来です。これからこの事業を続けた場合のNPVとやめた場合のNPVを比べて、どちらが大きいかで判断しなければなりません」。

ここで重要なのは、500億円は**サンクコスト（Sunk Cost:埋没費用）**であるということです。サンクコストとは、**すでに支払ってしまい回収することができない費用のこと**です。このサンクコストは、投資判断のキャッシュフローには含めないのです。私たちは「せっかくここまでお金を使ったのだから……」とサンクコストにとらわれて、判断を鈍らせてしまいがちです。

サンクコストについて、私の経験をお話しましょう。以前、娘にせがまれて映画を見に行ったときのことです。上映が始まって15分ほど経ったころ、娘が「お父さん、つまらないからもう出たい」と言い始めました。私は「チケット代を払ったんだから、もったいないでしょ」と言いそうになりました。しかし、2人分のチケット代はどうやっても戻ってこないサンクコストです。このとき、どう意思決定すべきだったのでしょうか。このまま映画を見続けて得られる便益（「感動する」「大笑いする」など）と、映画館を出て2人で別のことをして得られる便益（「おいしいスイーツを食べる」など）を比較すべきでした。

ところが、言うのは簡単ですが、実際にやるのは難しいのです。このまま映画を見続けたら面白くなるかもしれませんし、外に出て違うことをしても娘が喜ぶとは限らないからです。

結局、映画の途中で映画館を出て、娘が行きたいと言ったパンケーキのお店に行きました。娘は喜んでくれたし、娘の意思を尊重したことには意味がありました。しかし、一方で映画は後半で面白くなり、娘が感動の涙を流していた可能性もあったわけです。

ビジネスにおいても、今は赤字の事業でも、続ければいつか黒字になるかもしれないと考え、ズルズルと続けてしまうことがあります。これはサンクコストにとらわれているからだといっていいでしょう。では、どのように考えればいいのでしょうか。

1つは、==撤退（出口）ルールをあらかじめ決めておく==ことです。新規事業への投資でよく言われる「3年で単年度黒字化、5年で累積損失一掃できなければ撤退」といった社内ルールがあれば、「見切り」がつけやすくなります。いずれにしても、期限と投資金額を明確に決めずにズルズルと進めることだけは避けたいところです。

❷ 機会コストとは何か

==機会コスト（Opportunity cost==、機会費用ともいう）は、損益計算書には出てこない「見えない費用」です。多くの人が忘れがちですが、非常に重要な概念です。91ページで「資本コストは投資家と債権者にとっての機会コスト」という話をしたのを覚えていますか？ ==機会コストは簡単に言えば、「何かを選ぶことで失う、他の選択肢から得られたはずの便益」のこと==です。私が通っていたビジネススクールのファイナンスの授業では次のように説明されました。

「みなさんは、ここにMBAを取りにきていますね。ただ、かかっているコストは学費や生活費だけではありません。皆さんがここに来なかっ

たら稼げたはずの2年分の給料、そして2年間の経験もコストに含まれます。それを機会コストとして考えなければならないのです」。

　今、こうしてこの本を読んでくださっている皆さんにも機会コストが発生しています。この本を読まずに、映画を観たり家族と過ごしたりすれば、感動や楽しみといった便益が得られたかもしれません。でも、その便益とこの本を読んで得られる便益を比較して、後者のほうが勝ると考えたからこそ、本書を読み続けてくださっているわけです。私には著者として、皆さんの機会コストよりも高いリターンを提供する義務があるといえます。「そうだったのか」と言って本を閉じないでくださいね。

　話を戻しましょう。機会コストは人によって異なります。自分の車を1時間かけて洗車することの機会コストを考えてみましょう。洗車しなければ、その1時間でアルバイトをして稼げたかもしれません。その稼ぎは人によって異なります。また、その稼ぎは実際に働いてみなければわかりません。つまり、機会コストはあくまでも「仮定の話」だということなのです。

選択には、常に代償があるんですね。

だからこそ、サンクコストにとらわれず、これからの選択を最善にするために、機会コストを考えることが大切です。

ジムの例でいえば、取り戻せない「年会費」はあきらめて、その時間を別のこと、たとえば資格取得のための勉強に振り分けることで、新たな便益を得ることを考えよう、ということですね。

その通りです。ビジネスでは、過去の投資や費用に引っ張られず、未来の最善の選択をするために機会コストをしっかり考えることが、成功への鍵です。

Chapter4 ≫ フリーキャッシュフロー ──── 自由に使える「お金」

5 With-Without原則
増し分計算の重要性

keyword　with-without原則

❶ 投資をすべきかやめるべきか

「With-Withoutの原則」とは、事業投資の判断をする際に、「投資をする場合（With）」と「投資をしない場合（Without）」を比較して、キャッシュフローがどれだけ変わるかに基づいて判断する考え方です。つまり、プロジェクトのフリーキャッシュフローは、次のように定義されます。

> プロジェクトのFCF
> ＝投資をする場合（With）のFCF
> 　－投資をしない場合（Without）のFCF

具体例を挙げて説明しましょう。あなたの会社が、大規模駐車場を保有しているとします。この駐車場経営から得られるフリーキャッシュフローが、図4-7の「投資をしない場合（Without）のFCF（フリーキャッシュフロー）」です。

あなたは、駐車場の土地にショッピングセンターを建設する決断をしました。図の「投資をする場合（With）のFCF」の0年目に、ショッピングセンター建設資金の支出が下向きに描かれています。その1年前には、市場調査費用の支出も描かれています。これが前項で触れたサンクコストに当たります。「投資をする場合」でも、「投資をしない場合」でも、1

年前の市場調査費用の支出は発生します。WithとWithoutのフリーキャッシュフローの差額をとれば、結果的に消えてなくなってしまうのです。

1年目以降、ショッピングセンター事業から毎年フリーキャッシュフローを得ることになります。

図の「プロジェクトのFCF（①－②）」では、駐車場経営で得られるフリーキャッシュフロー（過去の実績から予測）が下向きに描かれています。ショッピングセンター事業を行うと、駐車場経営で得られるフリーキャッシュフローは当然なくなります。これが**機会コスト**です。

このように、プロジェクトのNPVやIRRを計算する際、もととなるフリーキャッシュフローは、WithとWithoutのフリーキャッシュフローの

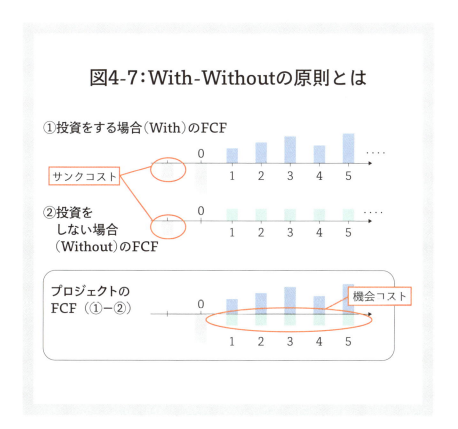

図4-7：With-Withoutの原則とは

差額を用います。このことを実務家でもうっかり忘れていることがあるので、注意が必要です。

❷「With-Withoutの原則」の具体的事例

　実は、私自身、この「With-Withoutの原則」をしっかり理解するのに時間がかかりました。ファイナンスは過去ではなく未来を見るものです。サンクコストはさておき、なぜ機会コストを考える必要があるのか、なぜショッピングセンターの建設資金と、ショッピングセンター事業から得られるキャッシュフローだけでNPVを計算してはいけないのか。私はコンサルタントとして実例を見て、初めて腹落ちしました。

　ある会社が10億円をかけて工場に新しい生産ラインを増設しようとしていました。すでにNPVがプラスという結果をもとに投資は実行されていたのですが、その稟議書に間違いがありました。10億円の設備投資に対し、工場全体から生み出されるキャッシュフローでNPVが計算されていたのです。
　なぜ、工場全体から生み出されるキャッシュフローではダメなのかというと、既存の生産ラインから生み出されるキャッシュフローも含まれてしまうからです。

　つまり、10億円の設備投資と工場全体のキャッシュフローでは、インプット（設備投資）とアウトプット（投資によって生み出されるキャッシュフロー）が対応していないのです。==プロジェクトの責任者がやらなければならなかったのは、「投資をしない場合（Without）」のフリーキャッシュフローをマイナスすること==でした。10億円の生産ラインを増設しない場合の工場全体のフリーキャッシュフローがどうなるのかを予測し、「投資した場合（With）」のフリーキャッシュフローからそのフリーキャッシュフローをマイナスすれば、10億円の設備投資によって増えるフリーキャッシュフローが明らかになるのです。

つまり、**機会コストを考えなくていけない理由は、投資をすることによって、増えるキャッシュフローを算出するため**だということです。

　ファイナンスについての有名な書籍[4]には、「投資判断というのは、いつのときでも増し分フリーキャッシュフローで考えなければならない。言いかえれば、その投資によって変化する部分に着目する必要がある」と書かれています。With-Withoutの原則がわかっていなければ、いくら正確にNPVやIRRを算出しても、意思決定を誤る可能性があるのです。

---

4 『コーポレート・ファイナンス第10版 上』（リチャード・ブリーリー、スチュワート・マイヤーズ、フランクリン・アレン著、藤井眞理子、國枝繁樹監訳／日経BP）

Chapter 5

企業価値を高める
―― 成功への鍵

Chapter5 》企業価値を高める ———— 成功への鍵

1 企業価値の本質
企業の価値をどう計算するか

keyword DCF法、市場株価法、類似上場会社比較法

いきなりですが、企業の値段ってどうやって決めているんだと思いますか？

自動車やパソコンのようにメーカーが「これは●●円」と決めていませんよね。株価から値段を決めているんじゃないですか？

その通り。上場企業なら株価がついているから、株式市場が値段をつけているといえますね。

でも、上場していない会社は、株価がありませんよね。その場合はどうやって決めるんでしょうか？　誰かが値段を決める必要があるんですよね。

そうですね。では、その値段の決め方について説明していきましょう。

❶ 企業の価値は何をもって評価するのか

　ここでは、私たちが企業の価値をどう評価するかについてお話ししますが、その前に「価値」と「価格」の違いについて考えてみましょう。価値とは、評価者である私たちが考える値段です。一方、価格とは、株式市場や企業の売り手など、第三者が考える値段といえます。

企業価値評価の方法は、一般的に「==マーケット・アプローチ==」、「==インカム・アプローチ==」、「==コスト・アプローチ==」の3つに分類されます。各アプローチに複数の算定方法がありますが、実務でよく使われるのは、インカム・アプローチの==DCF法（Discounted Cash Flow）==、そしてマーケット・アプローチである==市場株価法==と==類似上場会社比較法==です。

それぞれのアプローチには長所と短所があり、評価の目的やデータの入手可能性によって評価方法を使い分けます。また、実務では複数の評価方法を併用します。ここでは実務でよく用いられる前述の3つの評価方法について見ていきましょう。

❷ DCF法とは

まずこの項目で説明するのは、インカム・アプローチのDCF法です（市場株価法と類似上場会社比較法については、後ほど別項で説明します）。インカム・アプローチは、企業の将来の収益力や成長力、企業固有の特徴を反映できるという長所があります。一方で、事業計画や割引率など、前提条件によって価値が変動することや==継続価値==が企業価値の大半を占めるといった短所もあります。継続価値については、178ページ～で説明します。

==DCF法は、企業が生み出す将来のフリーキャッシュフローを、割引率で現在価値に割り引いて評価する方法==です。これは、以前にお話しした NPV法（→P123）の価値算定と同じです。

企業価値を論じるにあたっては、「企業価値は誰のため？」の項目（→P60）でお話ししたことを思い出してください。ファイナンスにおける企業価値とは、「債権者にとっての価値」と「株主にとっての価値」です。次ページ図5-1の右側「誰のものか？」をご覧ください。そして、株主価値に対して市場が付けているのは株式時価総額という価格です。

ここでも、「価値」と「価格」を比べる必要があります。私たちが考える価値に対して、市場がつける価格が高ければ手を出さない。反対に価値よりも価格が低ければお買い得です。ただし、価格、つまり株価は、短期的には企業とは直接関係のない出来事で乱高下します。ですから、短期的な株価の動きに一喜一憂しても仕方ありません。

とはいえ、5年、10年、20年の長期的に見れば、企業本来の「価値」にどんどん近づいていきます。さまざまな実証データより、株価は長期的にはその企業本来の価値に収斂することが証明されているのです。

❸ 企業価値は何でできているか

ここまでは「企業価値は誰のものか？」という視点でお話してきました。今度は、視点を変えて「企業価値は何でできているか？」というお話をしたいと思います。図5-1をご覧ください。この図でいうところの、左側の部分「何でできているか？」になります。

図を見ればおわかりのように、企業価値は、「**事業価値**」と「**非事業資産価値**」（非事業価値ともいいます）に分かれます。そして、「非事業資産価値」とはその名の通り、事業とは直接関係のない資産の価値のことです。たとえば、余剰現金、事業に使っていない土地、絵画、ゴルフ会員権、運用目的の株式などです。いわゆる政策保有株式（持ち合い株式）は、事業資産として扱うのが一般的です。

そして、事業価値とそれらの合計が、企業価値になります。式に当てはめてみると、次のようになります。

企業価値＝事業価値＋非事業資産価値
**　　　　＝債権者価値＋株主価値**

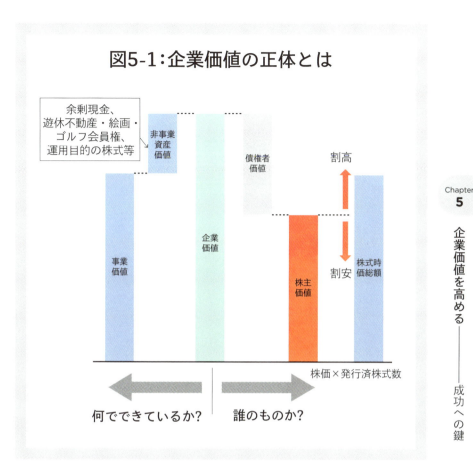

次に、次ページの図5-2をご覧ください。事業価値の全体像を表した、重要な図です。

図の中央付近にある「事業価値」は、まさに企業が行っている事業の価値です。その価値は、==企業が将来生み出すフリーキャッシュフローを現在価値に割り引いたもの==です。

そして、そのときの割引率はWACC（資本コスト）です。WACCは債権者と株主の要求収益率です。「要求収益率＝割引率」の関係は、ここでも成り立っています。つまり、WACCで割り引くということは、経営者に対して、「少なくともWACC以上の収益率で運用してください」という、債権者と株主の期待が込められているとも言えるのです。

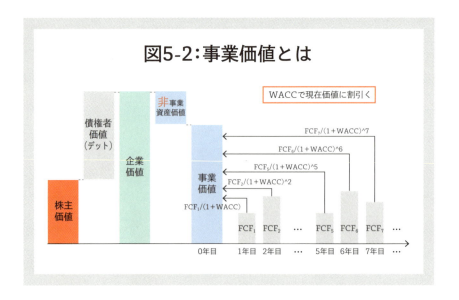

図5-2：事業価値とは

❹ 企業買収時のWACCはどっち？

では、ここで質問です。井上さんの会社がX社の買収を検討しているとしましょう。X社の事業価値の評価に適用するWACC（資本コスト）は、井上さんの会社のWACCですか、それとも、X社のWACCですか？

うーん、これは難しいですね。どっちなんでしょう？

実はこの質問、MBAホルダーでも間違えることがある難しい質問なんですよ。

そうなんですか？　じゃあ、私がわからなくて当然ですね。

胸を張ることではありませんが……。では、質問をちょっと変えましょう。ある電力会社が新規事業の一環として、バイオベン

チャーの買収を検討しているとします。バイオベンチャーの事業価値評価に適用するWACCは電力会社のものですか、それとも、バイオベンチャーのものですか？

う〜ん、さっきの質問とあまり変わっていないような……

ここで思い出してほしいのは、総合商社が事業別にハードルレート（割引率）を設定していたことです（→P141）。つまり、事業リスクに応じた割引率を適用すべきだということ。だから答えはバイオベンチャーの事業リスクが反映された「バイオベンチャーのWACCで割り引く」です。

ちょっと待ってください。買収して、うちの会社の子会社になれば、うちの会社の信用に基づいて資金調達できますよね？

そうですね。

だったら、うちの会社のWACCで割り引いてもいいんじゃないですか？

それは買収後のシナジー効果（相乗効果）として考えるべきことなんです。今は、その会社そのものの価値を算定しようとしているわけなので、現在の事業リスクを反映した割引率を使うことが大切なんです。

　ということでまとめると、事業価値を算定する際の割引率は、買収対象会社のWACCを使うということです。そして、こうして求めた事業価値に非事業資産の価値を加えたものが企業価値となります。そして、その企業価値からデット（債権者価値）をマイナスすれば、株主価値になります。

Chapter5 ≫ 企業価値を高める ─── 成功への鍵

2 企業のどこに価値があるのか
株主価値の算定プロセス

keyword 予測期間、一定成長期間、継続価値

❶ 株主価値を算定する方法

では、実際に株主価値を算定するプロセスを説明します。
図5-3をご覧ください。

　私たちが事業価値を算出する場合、まずは企業が将来生み出すフリーキャッシュフロー（FCF）を予測します。とはいえ、永遠に予測することはできないので、期間を区切ります。そして、FCFが安定せず、詳細な予測が必要な期間を「予測期間」として事業計画を策定します。
　図では事業計画の策定期間を5年としていますが、この期間は企業によって異なります。中期経営計画として3年としている企業もあるかもしれません。

　事業計画の策定期間が終わっても企業は存続します。そこで、予測期間を過ぎたフリーキャッシュフローは一定の成長率になるという前提を置きます。図の例では、事業計画の策定期間が5年ですから、6年目以降のフリーキャッシュフローは一定成長率g%で伸びていくと考えます。この期間を一定成長期間と呼び、この期間のフリーキャッシュフローの現在価値の合計を継続価値（Terminal Value：ターミナルバリュー）といいます。

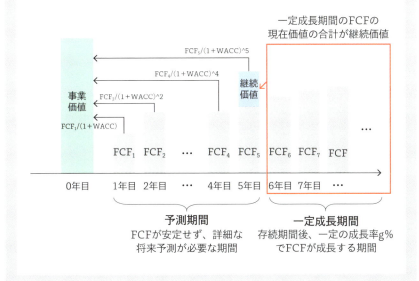

図5-3：事業価値を算定する

2 ファイナンスで最も重要な成長型永久債の現在価値

　では、一定成長期間のフリーキャッシュフローの現在価値はどのように求めればよいのでしょうか。それには、**成長型永久債の現在価値**の計算式を使います（図5-4）。永久債とは、償還期限がなく、発行者が利息

図5-4：成長型永久債の現在価値（PV）の計算式

$$PV = \frac{CF}{r-g}$$

CF：初年度のキャッシュフロー　　r：割引率　　g：永久成長率

を永久に支払い続ける債券のことをいいます。

　たとえば、初年度のキャッシュフローが100万円で、そのキャッシュフローが毎年3％で永久に成長するとしましょう。その場合、キャッシュフローの現在価値（PV）の合計は、割引率を5％とすれば次のように求められます。

$$PV = \frac{CF}{r-g} = \frac{100万円}{5\% - 3\%} = 5000万円$$

　この計算式は、ファイナンスでとても重要なものです。ビジネススクールのファイナンスの先生が「卒業後も忘れないでほしい」と力説していたものです。

　実際に継続価値を算定する場合、分子に使うフリーキャッシュフローを間違いやすいので注意が必要です。これは予測期間、つまり事業計画の策定期間の翌年（この例では6年目）になります。したがって、計算式は次のようになります。

$$継続価値 = \frac{FCF_5 \times (1+g)}{WACC - g} = \frac{FCF_6}{WACC - g}$$

　6年目のフリーキャッシュフローは、事業計画最終年度（5年目）のフリーキャッシュフローをg％成長させたものです。

　さらに注意が必要なのは、この継続価値は現時点から見た5年目の時点における価値であるという点です。したがって、継続価値の現在価値を求めるには、5年目時点の継続価値を、5年目のフリーキャッシュフ

ローと一緒に、さらに5年分割り引く必要があります（図5-5）。

図5-5：継続価値を求める

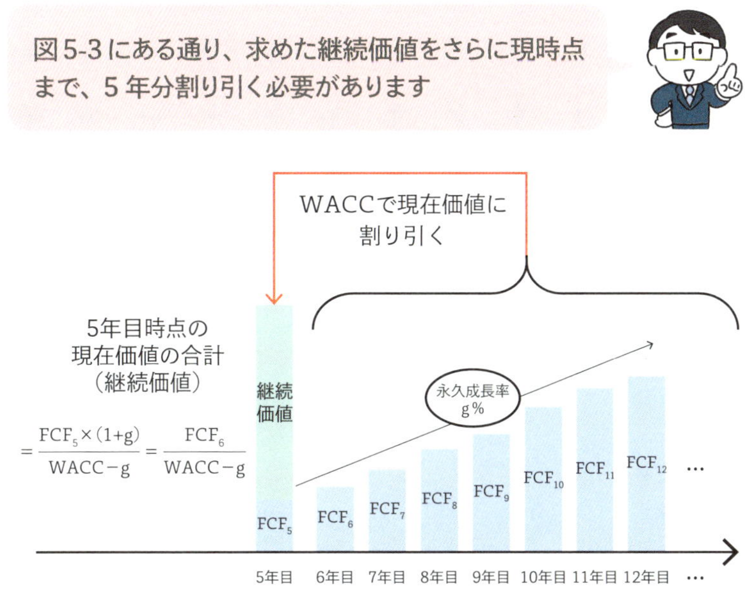

図5-3にある通り、求めた継続価値をさらに現時点まで、5年分割り引く必要があります

WACCで現在価値に割り引く

5年目時点の
現在価値の合計
（継続価値）

$$= \frac{FCF_5 \times (1+g)}{WACC-g} = \frac{FCF_6}{WACC-g}$$

継続価値

永久成長率 g%

FCF_5　FCF_6　FCF_7　FCF_8　FCF_9　FCF_{10}　FCF_{11}　FCF_{12}　…

5年目　6年目　7年目　8年目　9年目　10年目　11年目　12年目　…

株主価値の算定プロセスをまとめると、次の通りになります。

1. 事業価値を高めるために予測期間の事業計画を策定し、フリーキャッシュフロー（FCF）を算定する。
2. 評価対象企業のWACC（資本コスト）を算定する。
3. 一定成長期間のFCFの価値（継続価値）を算定する。
4. 予測期間のFCFと継続価値をWACCで割り引いて事業価値を算定する。
5. 事業価値に非事業資産価値を加え、企業価値を計算し、デット（債権者価値）をマイナスし株主価値を算定する。

Chapter5 》企業価値を高める ———— 成功への鍵

3 株価をベースに評価する
マーケット・アプローチの企業価値評価

keyword 市場株価法、類似上場会社比較法、EBIT、EBITDA

マーケット・アプローチの2つの評価方法

　ここでは企業価値のもう1つの評価方法、マーケット・アプローチについて見ていきましょう。マーケット・アプローチの評価方法は、株価がその価値の根拠になっています。ここでは、代表的な市場株価法と類似上場会社比較法について説明します

①市場株価法
　市場株価法は、評価対象会社の過去の一定期間の株価に基づいて株主価値を評価する方法です。市場における株価は、多くの投資家の需要と供給によって形成されているため、公正かつ客観的な価格と考えられます。通常、1か月から3か月の終値の平均値を利用します。上場企業の評価によく使われる方法です。

②類似上場会社比較法
　類似上場会社比較法は、DCF法（→P171）と並んでM&Aの現場で広く使われる評価方法です。評価対象会社と類似する上場企業の事業価値や時価総額などの財務数値を使って評価します。倍率（マルチプル）を使って表現されることから「マルチプル法」とも呼ばれます。市場株価法が上場会社にのみ適用可能であるのに対し、この方法は未上場会社にも適用できます。

DCF法は、詳細な事業計画の策定とキャッシュフローの予測が必要になるため手間がかかります。一方で、類似上場会社比較法は市場がつける株価を基に対象企業の価値を評価することから、慣れればこちらは簡単です。

　評価によく使われる財務指標は**EBITDA（Earnings Before Interest, Taxes,Depreciation and Amortization**：イービッダー、イービットディーエーなどと発音）です。EBITDAは、EBIT（Earnings Before Interest and Taxes：イービットと発音）に有形固定資産の減価償却費（Depreciation）や無形固定資産の償却費（Amortization）を加算したもので、営業キャッシュフローに近く、事業価値に大きな影響を与える指標です。また、償却に関する会計処理が異なる場合もその影響を受けないことから、事業会社のM&Aの際にも最もよく使われる指標です。

　ちなみにEBITは、利息と税金を支払う前の利益です。営業利益に、事業のために保有している資産から生み出される営業外収益等を、加算減算して求めます。それでは、簡単な例を使ってEBITDA倍率による株主価値算定のプロセスを見てみましょう。次ページの図5-6と併せてご覧ください。

Step 1　類似上場企業を選び、各社のEBITDA倍率を算出し、その平均値を求めます。EBITDA倍率とは、事業価値をEBITDAで除したものです。

　株式市場がこの事業を営む企業に対して、EBITDAの何倍の事業価値をつけるかがわかります。

Step 2　対象会社の来期のEBITDAに **Step 1** で求めた各社のEBITDA倍率の平均を掛けて、対象会社の事業価値を求めます。

Step 3　求めた対象会社の事業価値に非事業価値を加え、デット（有利子負債）をマイナスすれば、対象会社の株主価値が算定できます。

このように、EBITDA倍率を使うことで、手軽に企業価値を算定できます。その他にも、EBIT倍率や売上高倍率、PER倍率やPBR倍率などもありますが、これらの方法で算定された評価結果が単独で採用されることはなく、DCF法によって算定された結果と併用されます。

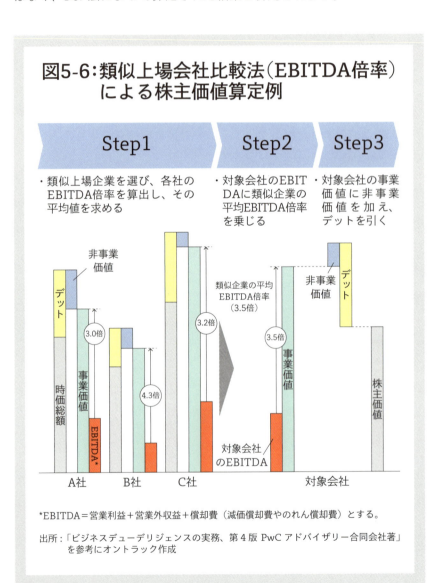

Chapter5 ≫ 企業価値を高める ─── 成功への鍵

4 2つのアプローチ
事業価値を高める方法とは

keyword 感度分析、パレートの法則

❶ 事業価値を高めるための2つの方向性

　これまでに、企業価値を評価する方法について学んできました。では、具体的に企業が行っている事業の価値を高めるためにはどうすればよいのでしょうか。まず、次ページの図5-7をご覧ください。

　事業価値を高めるためには、2つのアプローチがあります。「フリーキャッシュフローを増やす」ことと「資本コストを下げる」ことです。まず、「資本コストを下げる」方法について見ていきましょう。

❷ 資本コストを下げるには

　資本コストを下げるには、2つの具体的な方法があります。1つはIR活動を強化し、投資家との関係を深めることです。投資家が企業のリスクを低く評価するようになれば、要求収益率が下がり、最終的に資本コストの削減につながります。

　もう1つは、適度にデット（有利子負債）を活用して節税効果を得ることです。利息の支払いは税金計算上、損金として認められるため、節税効果が期待できます。

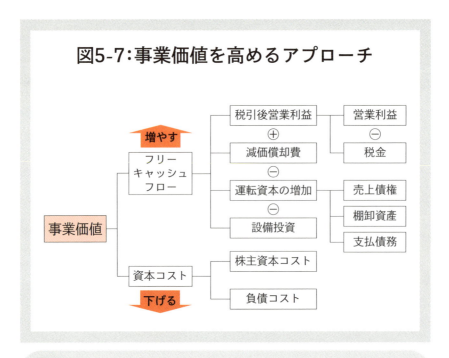

図5-7:事業価値を高めるアプローチ

❸ フリーキャッシュフローを増やす

　次に、「フリーキャッシュフローを増やす」方法について考えます。これは、フリーキャッシュフローの定義を見てみれば、何をすべきかが見えてきます。営業利益を増やすためには、売上高を増やし、コストを削減する必要があります。

　まずは売上高を増やす方法を考えてみましょう。
　通常、売上高を増やすには、販売数量を増やすか、価格を上げるかのどちらかを行う必要があります。そして、短期的に売上高を増やすには販売数量を増やすよりも、価格を上げるほうが効果的です。

　しかし、多くの場合、営業部門は価格を引き下げて販売数量を増やそうとします。実はこれが問題になります。なぜなら、売上高が増えたとしても、利益が大幅に減少することが多いためです。

❹ 販売価格のシミュレーション

具体例で見てみましょう。図5-8をご覧ください。

たとえば、価格が1000円で、1個仕入れるのに750円かかる商品があるとします。1個あたりのマージンは250円（1000円−750円）です。この商品が100個売れたら、売上高、売上原価、売上総利益は次のようになります（現状）。

売上高　　　100,000円（1000円×100個）
売上原価　△75,000円（750円×100個）
―――――――――――――――――――――――
売上総利益　 25,000円

図5-8：販売価格のシミュレーション

シナリオ		現状	ケースA	ケースB	ケースC
販売価格	①	1,000	1,030	850	850
価格増加率			3%	−15%	−15%
仕入単価	②	750	750	750	750
マージン	①−②	250	280	100	100
数量	③	100	90	120	250
売上高	①×③=④	100,000	92,700	102,000	212,500
売上原価	②×③=⑤	75,000	67,500	90,000	187,500
売上総利益	④−⑤	25,000	25,200	12,000	25,000

次に、価格を3％上げて1030円にしたとしましょう。この場合、販売数が10％減って90個売れたとしても、売上総利益は25,200円になり、現状よりも利益が増えます。（図のケースA）

一方で、営業部門が「15％値引きして、120個売ります」と提案してきたとします。この場合、売上高は102,000円になりますが、売上総利

益は12,000円と半分以下になってしまいます。（図のケースB）

　現状の売上総利益25,000円を維持するには、どれくらいの販売数量が必要になるのでしょうか？　答えは250個です（図のケースC）。
　15％の値引きをすると、売上高は2.5倍になっても、売上総利益は同じなのです。この事例から、価格引き下げが利益に与える影響がどれほど大きいかがわかります。

　上記のように、価格などの変数を変えて、結果がどう変化するかを調べることを「感度分析」といいます。この感度分析を行うことで、将来の売上や利益の予測が可能になります。

❺ 顧客毎に価格・サービスの方法を変える

　では、販売数量への影響を最小限にしながら価格を上げるには、どうすればいいでしょうか。
　たとえば、複数の商品をセットにして価格を維持しつつ販売数量を増やす方法や、逆にセット商品を分けてそれぞれに価格をつける方法があります。しかし、最も重要なのは、顧客ごとに価格戦略を立てることです。それには「パレートの法則」を用います。

　「パレートの法則」は「80：20の法則」ともいわれ、「結果の80％が、全体の20％の要因によって生み出される」という経験則です。先の例でいえば、「利益の80％は全顧客の20％から生まれる」ことになります。つまり、この重要な20％の顧客には特別なサービスや関係を強化する施策を行い、それ以外の顧客には値引きを控えたり、訪問回数を減らすなど、サービスレベルを調整することでコスト削減を図るわけです。
　もちろん、そのためには、売上高や利益、信用に基づいて顧客ごとに適正な価格設定を行うことが大切です。

❻ コスト削減の2つの方法

　企業が外部から調達する原材料や部品、サービスの対価として支払う「コスト」を削減することは、短期的にキャッシュを生み出す有効な手段です。私がかつて勤務していた日産自動車では、再建の過程で「グローバル購買、生産、販売費及び一般管理費の3つの分野で1兆円のコスト削減を目指す」という目標を掲げていました。

　コスト削減の方法には2つあります。1つは**サプライヤーマネジメント**で、仕入先を集約したり増やしたりして、取引条件を交渉することです。もう1つは**ユーザーマネジメント**で、社内で使用する物品の過剰スペックを見直したり、発注量や頻度を調整したりすることです。

❼ 調達戦略をどうするか

　生産に関連する部品の調達は、高品質部品と汎用的な資材で異なるアプローチが必要です。高品質部品は製品の質を左右するため、「安かろう、悪かろう」は避けなければなりません。日産自動車では、品質、コスト競争力、開発力、納期、財務力の観点からサプライヤーを評価し、基準を満たしたサプライヤーを「戦略サプライヤー」として位置づけました。

　これにより、サプライヤーの数を減らし、集中購買を進めてコストを削減することができました。また、汎用的な資材に関しては、国内外に調達先を広げ、競争入札を実施することも検討しました。

❽ 販売費および一般管理費の削減

　コスト削減においては、**間接材コスト**を優先すべきです。間接材コストとは、売上原価に計上される製造関連コスト以外の販売費及び一般管理費のことです。ちなみに、製造関連コストは、間接材コストに対して、

直接材コストと呼ばれます。

　直接材のコスト削減は、購買部門がシビアに行っています。一方で、管理部門が扱う間接材のコスト削減は、一過性のコスト削減や相見積もりの実施だけになっているのが実情でしょう。そのため、間接材コスト削減の具体的な施策を考えていく必要があります。

　ただし、研究（事業）開発費や広告宣伝・販促費、教育・採用関連費用の削減には注意が必要です。これらの「3大戦略コスト」を減らすと、短期的な営業利益は増えるかもしれませんが、将来の営業利益を犠牲にする可能性があります。研究（事業）開発費や広告宣伝・販促費、教育・採用関連費用は未来への投資と考えるべきです。これらの費用は金額だけでなく、売上高に対する比率を同業他社と比較し、適正な水準であるかを確認することも重要です。

価格が利益に与える影響には驚きました。

そうですね。値下げを簡単に言えない理由が、わかったんじゃないですか。

コスト削減にも、優先順位が必要なんですね。

ここまでは損益計算書（PL）に関連する内容ですから、理解しやすいと思いますよ。

次はバランスシート（BS）ですね。

その通り！　よく理解していますね。では一息ついたら、次はフリーキャッシュフローを増やすもう1つの方法、運転資本の管理について見ていきましょうか。

❾ 運転資本の管理

　フリーキャッシュフローを増やすためには、運転資本の管理を徹底する必要があります。具体的には、売上債権や在庫を圧縮し、支払債務を増やして運転資本を減らすことが重要です。

　日産自動車でも、この運転資本の管理を厳格に行いました。売上債権を圧縮するために、車を売った代金を早く回収するように努力しました。たとえば、営業担当者に早く回収することの重要性を教えたり、販売会社ごとに売上債権回転日数の目標を設定したりするなどです。こうした活動により、売上債権を圧縮することができました。

　取引先との関係によりますが、取引先と話し合って取引条件を変更したり、請求書を月に1回ではなく2回に分けて発行することも有効です。また、期日までにお金が入らない場合は、しっかりと回収することも大切です。

　日産自動車は、在庫の管理も改善しました。商品ができ上がってからお客様に届くまでの流れを効率的にするためのサプライチェーン・マネジメントを導入しました。たとえばアメリカで売る場合、生産拠点をアメリカ近隣の国に移して、輸送にかかる時間を短くするなどです。これにより、在庫を圧縮することができました。また、車の部品の種類を減らしたり、共通の部品を使うようにしたりして効率化をはかりました。

❿「支払いは遅く」は良策か？

　フリーキャッシュフローを増やすために、仕入先への支払いを遅らせるという方法があります。これは支払債務を増やすことになります。
　たしかに、こうすることで資金繰りは楽になりますが、早期支払いによる値引きなどのメリットと比較する必要があります。ここで、そのメ

カニズムを説明しましょう。

　仕入先への支払いまでの期間を長くすることは、フリーキャッシュフローにとってプラスの効果があります。しかし、仕入先から見れば、販売代金の回収期間が長くなることで売上債権が増加します。これは、仕入先の運転資本が増えることを意味します。運転資本は通常、短期借入金で調達されるため、仕入先の借入利息負担が増えます。そのため、この利息を部品や原材料の価格に転嫁してくる可能性があります（→P69）。
　このように、==フリーキャッシュフローを増やすために支払い期間を延ばすことは、結果的に売上原価の増加につながる==可能性があります。つまり、買掛金や支払手形などの支払債務は、取引先からお金を借りているのと同じだという意識を持つことが大切です。

⑪ 運転資本の管理：誰が、どうするか

　運転資本の管理は、企業価値を高めるためにとても大切ですが、企業内では後回しにされがちです。その理由を説明します。
　まず、製造業の事業の流れを簡単に説明しましょう。購買部門が原材料を仕入れ、製造部門が製品を作り、営業部門がその製品を売ります。これが製造業の基本的なビジネスプロセスです（図5-9）。

　各部門の目標は何でしょうか？　営業部門は売上を上げて利益を出すことが第一で、売上債権の回収期間を短くすることは後回しです。製造部門は工場の稼働率を上げたり、コストを削減したりすることが最優先です。購買部門は原材料の仕入価格を下げることに集中します。そのためには大量に仕入れてボリュームディスカウント（まとめ買いをして仕入価格を抑える）を狙うこともあります。このように、各部門はそれぞれの目標に集中しているため、運転資本の管理は後回しにされることが多いのです。

図5-9：製造業のビジネスプロセス

関連部門	仕入 購買	生産 製造	販売 営業
具体的アクション （売上・利益改善）	原材料仕入 価格のダウン	稼働率アップ コストダウン	営業利益アップ
具体的アクション （運転資本管理）	支払期間・在庫 水準の適正化	在庫水準の 適正化	売上代金回収 期間の短縮化

　多くの経営者は「売上を上げろ。コスト削減して利益を出せ」といった損益計算書（PL）中心の考え方にとらわれがちで、運転資本の重要性を理解していません。運転資本はバランスシート項目なので、PLを重視する経営者にはなじみが薄いのです。

　また、在庫削減は1つの部門だけでできることではありません。製造部門が在庫を減らそうとしても、営業部門は販売機会を逃したくないので、多めに在庫を持とうとします。購買部門はコスト削減のために在庫のことを気にせず、大量に仕入れることがあります。

　在庫削減には、会社全体で優先順位を決め、販売計画、生産計画、購買計画を連携する必要があります。しかし、実際には営業担当役員、製造担当役員、購買担当役員がそれぞれの部門の利益を代表して、部分的な最適化を目指しがちです。この問題を解決するには、CFO（最高財務責任者）が全体を見渡して、部門横断的な活動を推進することが大切です。

Chapter5 ≫ 企業価値を高める ───── 成功への鍵

5 キャッシュ・コンバージョン・サイクル
その重要性と定義

keyword CCC、棚卸資産回転日数、売上債権回転日数

❶ いつ仕入れて、いつ売り、いつ入金されるのか

　運転資本管理の経営指標として、最近さまざまな企業で活用されているのが **CCC（Cash Conversion Cycle：キャッシュ・コンバージョン・サイクル）** です。これは企業が原材料や仕入などのために代金を支払ってから、顧客から販売代金を回収するまでの日数を示すもので、資金効

$$CCC＝棚卸資産回転日数＋売上債権回転日数－支払債務回転日数$$

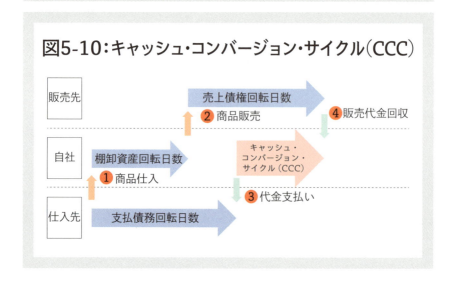

図5-10：キャッシュ・コンバージョン・サイクル（CCC）

率を見るための指標として活用されています。

　CCCを求める式を構成する各回転日数の求め方は、図5-11のようになります。

❷ 売上債権回転日数と棚卸資産回転日数

　売上債権回転日数は、売掛金や受取手形などの売上債権を、1日当たりの売上高で割ったものです。これにより、販売してから代金を回収するまでの平均日数が計算できます。

　棚卸資産回転日数は、在庫を1日当たりの売上原価で割ったものです。小売業の場合は、仕入の何日分の在庫を保有しているかを示し、製造業の場合は、原材料を仕入れてから製品を販売するまでの平均日数（リードタイム）を表します。

図5-11：各回転日数の求め方

売上債権回転日数：販売してから代金を回収するまでの平均日数

$$売上債権回転日数（日）= \frac{売上債権（売掛金＋受取手形）}{売上高 \div 365日}$$

棚卸資産回転日数：商品を仕入れてから販売するまでの平均日数

$$棚卸資産回転日数（日）= \frac{棚卸資産}{売上原価 \div 365日}$$

支払債務回転日数：商品を仕入れてから代金を支払うまでの平均日数

$$支払債務回転日数（日）= \frac{支払債務（買掛金＋支払手形）}{売上原価 \div 365日}$$

❸ 支払債務回転日数とは

支払債務回転日数は、支払債務（買掛金・支払手形）を1日当たりの売上原価で割ることで計算できます。これは、商品や原材料の仕入れから代金支払いまでの平均日数を示すものです。

運転資本管理の観点からは、売上債権回転日数や棚卸資産回転日数は短いほど、よいとされています。短い期間で代金を回収できれば、企業の資金繰りが楽になりますし、在庫も早く回転することで、過剰な在庫リスクを減らすことができるからです。

ただし、営業部門は商品や製品の欠品による機会損失を避けようとします。たしかに、棚卸資産回転日数が短すぎるのも問題です。適正な水準を維持することが大切です。

一方、支払債務回転日数は長いほど、企業の資金繰りに有利です。しかし、仕入価格に金利分が上乗せされる可能性もあります。支払債務回転日数を短くして、仕入価格の引き下げを交渉することも考えられます。取引先ごとに取引条件を見直し、最適な支払債務回転日数を設定する必要があります。

❹ CCCの具体的な事例

CCCを短くすることは、運転資本を減らし、フリーキャッシュフローを増やすことにつながることは覚えておいてください。CCCは一般的にはプラスの日数です。通常は、販売代金の入金よりも仕入れ先への代金支払いのほうが先だからです。たとえば、トヨタ自動車のCCCは14日です。これは、仕入先に代金を支払ってから、販売代金を回収するまで14日かかっていることを意味します（図5-12）。

図5-12：トヨタ自動車とアップルのCCC

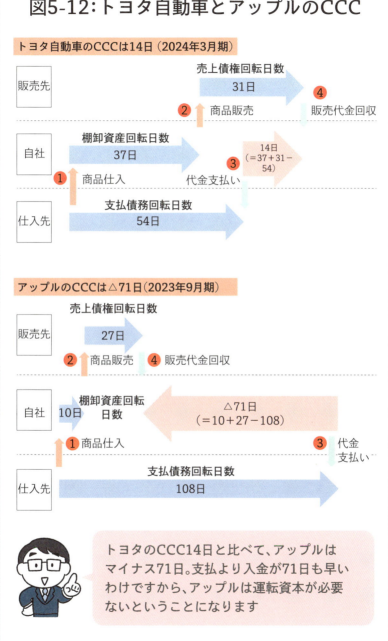

一方、アップルのCCCはマイナス71日です。図5-12を見ると、支払いよりも入金が71日も早いことがわかります。つまり、アップルは運転資本が必要ないということです。また、商品仕入から商品販売までの期間がわずか10日と短く、在庫をほとんど抱えていません。さらに、サプライヤー（部品を供給する企業）への支払いは108日と非常に長く、アップルに有利な条件で取引していることがわかります。

　実は、アップルのCCCがマイナスになったのは昔からではありません。1996年には、CCCは70日を超えていました。この改善を指揮したのが、現CEOのティム・クック氏です。彼は製造を外部に委託する方式にし、自社で原材料や仕掛品を抱える必要をなくしました。また、市場の需要予測と製品供給量をコントロールすることで、無駄な在庫を減らしました。

　ティム・クック氏がアップルで仕事を始めてから7か月で、棚卸資産の回転日数は30日から6日に短縮し、売れ残ったMacの在庫は4億ドル（約450億円）から7,800万ドル（約87億円）に減少しました。また、アップルのようにCCCがマイナスだと、売上高が増加すればするほど、キャッシュがたまっていくことになります。

　ちなみに、アップルの資産の約半分が、現金と有価証券です。圧倒的なキャッシュリッチな会社です。アップルの事例に見れば、フリーキャッシュフローの改善のためには、CCCを短縮することが、いかに大切かがわかります。

Chapter5 ≫ 企業価値を高める ──── 成功への鍵

6 BSのスリム化でFCF増加に寄与
アセットリストラクチャリング（資産整理）

keyword アセットリストラクチャリング（資産整理）

投資家は自分にできないことでリターンが欲しい

　これまで、事業価値を高める方法について説明してきました。そして、バランスシート（BS）で忘れてはならないもう1つのポイントがあります。それは、非事業資産の整理、つまりアセットリストラクチャリング（資産整理）です。

　投資家が嫌がる資産には、現預金、有価証券、不動産の3つがあります。これらに共通するのは、投資家自身が、自分で投資できる資産であることです。投資家は、事業経営はできません。事業会社には事業でリターンを上げてほしいと考えています。有価証券や不動産投資のプロでない事業会社には、事業経営にフォーカスしてほしいのです。

　そのため、事業のフリーキャッシュフロー増加に寄与していない非事業資産を徹底的に整理し、現金化することが重要です。その現金を成長投資や株主還元に活用することが求められます。

　私の以前勤めていた日産自動車のリバイバルプランでは、次のような施策が発表されました。

「日産自動車は現在、1394社の株式を保有しているが、費用対効果の観点から売却を進め、現金化を図っていく。さらに、土地、株式および

ノンコア資産(企業戦略上、中核ではない資産)の処分を3年間で行い、在庫削減計画に基づき現在の売上に対する在庫比率を30％削減する」。

　さらに、日産自動車の場合、工場など事業資産の統廃合も進めました。資産売却において、簿価よりも時価が低い場合には売却損が出ますが、これは会計上のことであって、実際にキャッシュが流出するわけではありません。資産売却によるキャッシュが有利子負債の削減につながれば、債権者や株主をはじめとする利害関係者も納得するはずです。この例からも、利益ではなくキャッシュフローで資産売却の是非を判断することが重要です。

　日産自動車のリバイバルプランでは、ノンコア資産や政策保有株式(持ち合い株式)の売却により、2年間で総額5300億円以上のキャッシュを生み出しました。これにより、自動車事業の有利子負債を大きく減らし、コア事業である自動車事業の成長のために資金を投入することができたのです。

お疲れ様でした。ここまでファイナンスの基本から企業価値の評価、そして事業価値を高めるための実践的な方法について詳しく説明してきましたが、いかがでしたか。

正直、まだ少し難しく感じます……。

ファイナンスの世界は一見難しく感じるかもしれませんが、基本的な原理や考え方をしっかりと理解できれば、ビジネスのさまざまな場面で応用できるようになりますよ。

特に重要なのは、どんなところですか？

一番重要なのは、企業価値をどのようにして高めるかという視点です。フリーキャッシュフローを増やし、資本コストを下げることが、企業の長期的な成長と持続可能性を支える鍵となります。また、運転資本の管理や非事業資産の整理といった具体的な施策も、企業価値の向上には欠かせない要素です。

企業価値を高める、常にこの視点に立ち返れば、ファイナンスはシンプルに思えるかもしれませんね。

初めてファイナンスを学ぶ方にとっては、難しいと思える概念もあったかもしれませんが、この本がファイナンスの世界への入り口となり、興味を持って学び続けるきっかけになれば嬉しく思います。

はい、先生、今日はありがとうございました。これからも学び続けます！

巻末付録①
ファイナンス用語事典

欧文

β（ベータ）
株式市場全体の値動きに対する個別株式の相対的な値動きを表したもの。

CAPM（Capital Asset Pricing Model）
資本資産価格モデル。株主資本コストを推定するための金融モデル。

CCC（Cash Conversion Cycle）
企業が仕入先に代金を支払ってから、顧客から現金回収するまでの日数。

DCF（Discounted Cash Flow）法
企業が将来生み出すキャッシュフローを現在価値に割り引くことで、企業価値を算出する方法。

D/Eレシオ（Debt Equity Ratio）
Debt（有利子負債）とEquity（株主資本）の割合。

DF（割引係数）
将来のキャッシュフローを現在価値に変換するための係数。

EBIT（Earnings Before Interest and Taxes）
利息と税金を支払う前の利益。営業利益に、事業のために保有している資産から生み出される営業外収益等を加算減算して求める。

EBITDA（Earnings Before Interest, Taxes, Depreciation, and Amortization）
EBITに減価償却費やのれんの償却費をプラスしたもの。

EVA（Economic Value Added）
経済付加価値。1年間の企業価値の増加額を示す指標。

IR（Investor Relations）
投資家向け広報活動。主な目的は、企業の透明性を高め、投資家との信頼関係を構築することで、資本コストを下げること。

IRR（Internal Rate of Return）
投資の収益率を示し、投資判断に使用する指標。

NPV（Net Present Value）
将来のキャッシュフローの現在価値の合計から初期投資額を差し引いたもの。投資判断に使用する指標。

ROIC（Return on Invested Capital, 投下資本利益率）
企業が投下した資本（株主資本と有利子負債の合計）に対して、どれだけの利益を上げたかを示す指標。

ROE（Return on Equity, 自己資本利益率）
株主が出資した株主資本（自己資本）に対して、どれだけの利益を上げたかを示す指標。

TOPIX（Tokyo Stock Price Index）
東証株価指数（Tokyo Stock Price Index）の略称。日本の株式市場全体の動きを表す株価指標。

WACC（Weighted Average Cost of Capital）
企業が資金を調達するために負担する平均的なコストを、資金調達方法（株式時価総額と有利子負債）の割合に応じて加重平均したもの。資本の機会コスト。

With-Withoutの原則
投資をする場合としない場合を比較して、投資によるキャッシュフローの増し分で投資判断する考え方。

あ

アセットリストラクチャリング（資産整理）
企業が所有する資産の構成を見直し、最適化することで、事業価値を高めること。

インカム・アプローチ
キャッシュフローに基づいて企業の価値を評価する方法。

インカムゲイン
株の配当金など資産の保有期間に得られる継続的な収益のこと。

売上債権回転日数
販売してから代金を回収するまでの平均日数。

運転資本
企業が事業を続けるために必要な資本。売上債権に在庫を加えたものから、支払債務をマイナスしたもの。

永久債
償還期限がなく、発行者が利息を無期限に支払い続ける債券。

エクイティファイナンス
株式を発行して資金を調達すること。

お金の時間価値
同じ金額でも、現在持っているお金と将来手にするお金の価値が異なるという考え。

か

回収期間法
投資回収にかかる期間を投資判断の基準とする方法。

加重平均資本コスト（WACC）
→ WACC を参照。

株主資本コスト
企業が株主から資金を調達する際に求められるリターンのこと。株主が資金提供に対して要求する収益率であり、資本コストの一部を構成するもの。

機会コスト（機会費用）
何かを選ぶことであきらめなければならない、他の選択肢から得たであろう最大の利益。

キャッシュ・コンバージョン・サイクル（CCC）
→ CCC を参照。

キャピタルゲイン
資産（株式、不動産など）の売却によって得られる売買差益。

企業価値
株主価値と債権者価値の合計。あるいは、事業価値と非事業資産価値の合計。

格付
信用リスクの程度を示す指標。

現在価値（Present Value）
将来のキャッシュフローを、現在の価値に割引いたもの。

経営資源
企業が事業活動を行うために必要なヒト、モノ、カネ、時間、情報、知的財産などの資源。

コスト・アプローチ
現在の資産価格に基づいて企業価値を評価する方法。

さ

最適資本構成
資本コストを最小化する Debt（有利子負債）と Equity（株主資本）の割合。

サンクコスト
既に支払ってしまい、取り戻せないコスト。

事業価値
企業の事業活動から生み出される将来のフリーキャッシュフローを、現在価値に割り引いたもの。

自社株買い
企業が自社の発行済み株式を、株式市場から買い戻す行為。

市場株価法
上場企業の株価に基づいて、企業の価値を評価する方法。

支払債務回転日数
商品や原材料の仕入れから代金支払いまでの平均日数。

資本コスト
→ WACC を参照。

正味現在価値（NPV）
→ NPV を参照。

将来価値
現在の資金が将来どれだけの価値になるかを示すもの。一定の利率で複利で運用された結果として計算される。

信用リスク
債権者（借金の貸し手）が債務者から資金を回収できない可能性を示す。

た

棚卸資産回転日数
原材料や商品を仕入れてから販売するまでの平均日数。

ターミナルバリュー（継続価値）
予測可能な期間（通常 3〜5 年）以降のキャッシュフローの現在価値を表わす数値。

デット（Debt）
有利子負債。企業や個人が借り入れる資金で、返済義務があり、通常は利息が発生する。

デットファイナンス
借入金や社債発行など、有利子負債を通じて資金を調達すること。

投下資産
企業が事業運営のために投じた資産。運転資本や固定資産・投資その他が含まれる。

投下資本
企業が事業運営に投下した資本。株主資本と有利子負債を合計したもの。

な

内部収益率（IRR）
→ IRR を参照。

内部留保
利益剰余金。当期純利益から配当を差し引いたあとに社内に蓄えられる部分。

のれん（暖簾）
企業が買収対象企業に支払うプレミアムの一部であり、買収価格の対象企業の純資産額を上回る部分を指す

は

ハードルレート
投資案件の採択基準となる最低限必要な収益率。

配当
企業が当期純利益の一部を株主に分配するもの。

ハイリスク・ハイリターンの原則
リスクが高い投資ほど、それ相応の高いリターンを要求すべきという原則。

非事業資産価値（非事業価値）
事業とは直接関係のない資産の価値のこと。

負債コスト
企業が借入金や社債などの有利子負債で調達する際に、債権者が要求する収益率。資本コストの一部を構成する。

フリーキャッシュフロー（FCF）
企業が事業活動を通じて生み出す現金のうち、債権者と株主に帰属するキャッシュフローのこと。キャッシュフロー計算書から求める場合、営業活動によるキャッシュフローと投資活動によるキャッシュフローを合計したもの。

ベータ（β）
→βを参照。

ま

マーケット・アプローチ
市場株価に基づいて企業の価値を評価する方法。

マーケットリスクプレミアム
株式市場全体に対する期待収益率から、リスクフリーレートを差し引いたもの。

Mee Too 戦略
既存の成功したビジネスモデルや製品をマネする戦略のこと。

や

要求収益率
投資家が投資に対して、最低限要求する収益率。

ら

利益剰余金
→内部留保を参照。

リスク
想定される結果のバラツキ。

リスクフリーレート
国債などの無リスク資産に投資する際に投資家が要求する収益率。

リスクプレミアム
投資家がリスクをとることに対して、要求する追加的なリターン。

類似上場企業比較法
評価対象企業と事業内容や規模が類似する上場企業の財務指標を基づいて、企業の価値を評価する方法。

レバレッジ
銀行借入や社債などのデットを活用すること。

わ

ワック
→WACCを参照。

割引係数
→DFを参照。

割引率
将来のキャッシュフローの現在価値を算出する際に使用される利率。要求収益率と表裏一体で同じもの。

巻末付録②

keyword 早見表

Chapter1　会社の「健康診断」──決算書の基本

1-1	利益、キャッシュ、黒字倒産、キャッシュフロー	12
1-2	貸借対照表（BS）、資産、負債、純資産	17
1-3	流動資産、固定資産、流動負債、固定負債、純資産	19
1-4	当期純利益、利益剰余金（内部留保）	25
1-5	経営資源、営業利益、6大経営資源	27
1-6	3大戦略コスト、未来投資	29
1-7	戦略、優先順位付け	30
1-8	損益計算書（PL）、売上総利益、営業利益、当期純利益	32
1-9	キャッシュフロー計算書（CS）、フリーキャッシュフロー（FCF）	36
1-10	企業のライフサイクル、営業CF、投資CF、財務CF	45

Chapter2　投資の利回りとコスト──賢い選択のために

2-1	3つの意思決定、デット、エクイティ、企業価値	54
2-2	ステークホルダー、価値の交換	58
2-3	資金提供者、債権者価値（デット）、株主価値	60
2-4	流しそうめん理論、株主、社長の仕事	62
2-5	キャピタルゲイン、調達コスト、評価基準	64
2-6	利回り、収益率、キャッシュフロー	66
2-7	税引後営業利益、みなし法人税、投下資本、投下資産	67
2-8	ROIC、WACC、EVAスプレッド	71
2-9	リスク、リスクフリーレート、リスクプレミアム	74
2-10	デットファイナンス、負債コスト、信用リスク	79
2-11	CAPM、β、マーケットリスクプレミアム、TOPIX	81
2-12	WACC、加重平均、ウェイト	86
2-13	デットの節税効果、税引後負債コスト	88
2-14	要求収益率、機会コスト	90
2-15	IR（Investors Relations）	93
2-16	アップサイド、ダウンサイド	94
2-17	レバレッジ、ROE（自己資本利益率）	96

2-18	D/E レシオ、デフォルトコスト	99
2-19	格付機関、Me Too 戦略、自己資本比率	104

Chapter3　お金の時間価値──将来と現在をつなぐ

3-1	お金の時間価値、利息、複利計算、FV、PV	108
3-2	DF（割引係数）、要求（期待）収益率	112
3-3	ハイリスク・ハイリターンの原則、将来価値、現在価値	114
3-4	ESG 投資、CSR、キャッシュフロー、割引率	118
3-5	NPV、キャッシュアウトフロー、キャッシュインフロー、DF	123
3-6	割引率、NPV	127
3-7	IRR（内部収益率）、NPV	129
3-8	ハードルレート	134
3-9	IRR、収益率、企業価値	136
3-10	回収期間法、割引回収期間法、価値創造分岐点	138
3-11	ハードルレート、カントリーリスク	141
3-12	NPV、IRR、回収期間法、ハードルレート	145

Chapter4　フリーキャッシュフロー──自由に使える「お金」

4-1	フリーキャッシュフロー、割引率	148
4-2	減価償却費、平準化	152
4-3	運転資本、売上債権、支払債務、棚卸資産	154
4-4	サンクコスト、機会コスト	160
4-5	With-Without の原則	164

Chapter5　企業価値を高める──成功への鍵

5-1	DCF 法、市場株価法、類似上場会社比較法	170
5-2	予測期間、一定成長期間、継続価値	176
5-3	市場株価法、類似上場会社比較法、EBIT、EBITDA	180
5-4	感度分析、パレートの法則	183
5-5	CCC、棚卸資産回転日数、売上債権回転日数	193
5-6	アセットリストラクチャリング（資産整理）	197

【著者】

石野雄一（いしの・ゆういち）
株式会社オントラック　代表取締役社長
株式会社 CAC Holdings　社外監査役
上智大学理工学部卒業後、旧三菱銀行に入行。9年間勤務した後に退職、インディアナ大学ケリースクール・オブ・ビジネス（MBA課程）修了。帰国後、日産自動車株式会社に入社。財務部にてキャッシュマネジメント、リスクマネジメント業務を担当。2007年より旧ブーズ・アレン・ハミルトンにて企業戦略立案、実行支援等に携わる。2009年に同社を退職後、株式会社オントラックを設立し、企業の投資判断基準の策定支援、ファイナンス研修、財務モデリング研修を実施している。
著書に、『増補改訂版 道具としてのファイナンス』（日本実業出版社）、『ざっくり分かるファイナンス』（光文社新書）、『実況！ビジネス力養成講義 ファイナンス』（日本経済新聞出版）などがある。
コンサルティング、講演等のご依頼は下記連絡先まで。

yishino@ontrack.co.jp

注意
・本書の一部または全部について、個人で使用するほかは著作権上、著者およびソシム株式会社の承諾を得ずに無断で複写／複製することは禁じられております。
・本書の内容の運用によって、いかなる障害が生じても、ソシム株式会社、著者のいずれも責任を負いかねますのであらかじめご了承ください。
・本書の内容に関して、ご質問やご意見などがございましたら、弊社のお問い合わせフォームからご連絡をいただくか、下記までFAXにてご連絡ください。なお、電話によるお問い合わせ、本書の内容を超えたご質問には応じられませんのでご了承ください。

STAFF

ブックデザイン：TYPEFACE（渡邊民人＋谷関笑子）
イラスト：イケマリコ
校正：林 武男
DTP：マーリンクレイン

いちばん役に立つ
ファイナンス
プロが教える企業価値最大化のコツ

2024年 9月 12日　初版第1刷発行
2024年 9月 20日　初版第2刷発行

著　者　石野雄一
発行人　片柳秀夫
発　行　ソシム株式会社
　　　　https://www.socym.co.jp/
　　　　〒101-0064　東京都千代田区神田猿楽町1-5-15 猿楽町SSビル
　　　　TEL：(03)5217-2400(代表)
　　　　FAX：(03)5217-2420
印刷・製本　中央精版印刷株式会社

定価はカバーに表示してあります。
落丁・乱丁本は弊社編集部までお送りください。送料弊社負担にてお取替えいたします。

ISBN978-4-8026-1482-5　©Yuichi Ishino 2024,Printed in Japan